放飞梦想

FANGFEI MENGXIANG

唐惠林/主编

昆山市未成年人素质教育校外实践基地
综合实践活动教学案例精选

苏州大学出版社
Soochow University Press

图书在版编目(CIP)数据

放飞梦想：昆山市未成年人素质教育校外实践基地综合实践活动教学案例精选 / 唐惠林主编. —苏州：苏州大学出版社，2016.1
ISBN 978-7-5672-1643-3

Ⅰ.①放… Ⅱ.①唐… Ⅲ.①活动课程－教案(教育)－中小学 Ⅳ.①G632.3

中国版本图书馆 CIP 数据核字(2016)第 002875 号

书　　名	放飞梦想——昆山市未成年人素质教育校外实践基地综合实践活动教学案例精选
主　　编	唐惠林
责任编辑	李　敏　洪少华
装帧设计	吴　钰
出 版 人	张建初
出版发行	苏州大学出版社(Soochow University Press)
社　　址	苏州市十梓街1号　邮编：215006
网　　址	www.sudapress.com　E-mail：Liuwang@suda.edu.cn
印　　刷	苏州深广印刷有限公司
邮购热线	0512-67480030
销售热线	0512-65225020
开　　本	700 mm×1 000 mm　1/16　印张：14　字数：220千
版　　次	2016年1月第1版
印　　次	2016年1月第1次印刷
书　　号	ISBN 978-7-5672-1643-3
定　　价	39.50 元

凡购本社图书发现印装错误，请与本社联系调换。服务热线：0512-65225020

编委会名单

主　　编　唐惠林

副主编　蒋　杉　陆炳荣

编　委　王伯明　郑　勇　沈建林

　　　　沈福强　陈月弟

特约编辑　李惠元

　　综合实践活动课程是国家规定的中小学必须开设的"必修课程",是现代教育中的个性内容、体验内容和反思内容。它强调学生从活动中学习、从经验中学习、从行动中学习,是一种独立于"学科课程"之外的课程形态,代表着我国基础教育领域课程体系结构性的突破。

　　综合实践活动的内容包括研究性学习、劳动技术教育、社区服务、社会实践四个部分。教学宗旨是让学生联系社会实际,通过亲身体验进行学习,积累和丰富实践经验,培养创新精神、实践能力和终身学习的能力。

　　唐代文学家韩愈《师说》中有一句话历来被教育者奉为至理名言:"师者,所以传道受业解惑也。"而综合实践活动打破了传统的教学模式。在这个生态化空间里,学生才是主导者,他们更谋求于独立完成整个活动,而不是聆听教诲。

　　因此,教师在综合实践活动中只是一个引导者、指导者和旁观者。教师应着力引导学生设计恰当的学习活动,围绕问题的核心进行深度探索、思想碰撞;指导学生掌握科学的学习方法,通过现场观察、动手实践去获取成功;给学生一个释放天性的机会,让学生主动参与、体验,享受活动过程。

　　综合实践活动是一门新的学科,故没有固定的、体系化的知识内容。活动的设计与实施需要教师利用自身的课程资源和社会教育资源来开发。为了让学生获取更大的收益,多年来,我基地的全体教师不断更新教育理念,努力探索教学方法,充分发挥群体的智慧和力量,挖掘中小学学科内容和现实生活中的多种素材,进行拓展、提升、重组,精心设计出了一套具有科学性、多元化、可行性特点的优秀教案,并在教学实践中形成了一个个生动的案例。

　　这些活动案例涉及的内容较为广泛,形式丰富多样;注重社区服务与社会实践、劳动与技术教育,强调学生的独立思考、自主学习,激励学生发挥特长、施展才华;既适合学生的年龄特点,又具有创新特色。多年来,教师借助它们开展科学、有序的教学活动,有效地促进了学生的全面发展。

　　这些活动案例是教师们教学活动中积累的经验总结,是教师们教育实践和教学研究的心血和汗水。将它们结集成册,目的是便于以后在教学活动中作参考、对比和进一步的反思,使我们的综合实践活动"百尺竿头,更进一步"。

　　教育是一种信仰,一种责任,更是一种情怀。"教学艺术的本质不在于传授本领,而在于激励、唤醒、鼓舞。"(德国教育学家第斯多惠语)愿我们的综合实践活动,是一首优美动听的歌,让学生唱出心中的蓝天白云;是一幅春意盎然的画,让学生放飞对未来五彩斑斓的梦。

唐惠林

亲近自然

认识植物 …………………………………………………… 3
走进生态园 ………………………………………………… 9
劳动（挖山芋） …………………………………………… 12
认识草编 …………………………………………………… 16
沙雕制作 …………………………………………………… 23

社会实践

千灯行 ……………………………………………………… 29
参观"贞丰街十二坊" ……………………………………… 32
感受"民间博物馆"风采 …………………………………… 36
单个军人徒手队列动作训练 ……………………………… 43
陶艺一（泥塑） …………………………………………… 49
陶艺二（拓制） …………………………………………… 53
做五彩香包 ………………………………………………… 58
苏州制扇 …………………………………………………… 62
彩泥画 ……………………………………………………… 66
邮寄真情感恩父母 ………………………………………… 71
灯谜制作与猜灯谜 ………………………………………… 75

生存体验

生命中的一缕阳光 …… 83
活出生命的色彩——生命心理讲堂教案 …… 89
禁毒教育 …… 95
安防教育 …… 100
勇敢者之路 …… 108
拓展　打靶 …… 112
钉纽扣 …… 115
包馄饨 …… 119
包饺子 …… 122

科学探索

电子积木拼装 …… 129
音乐储蓄小木屋制作 …… 132
小车模型制作 …… 136
放飞希望——风筝制作 …… 138
多米诺骨牌码放 …… 143
舰模制作 …… 147
生活中的科学 …… 150
石英钟制作 …… 153
无线电测向 …… 157

活动评估

综合实践活动课程评价方案 …… 165
给实践基地的一封信 …… 169
印象最深的课程 …… 170
有趣的野外大课堂 …… 171
愉快的"旅行" …… 172
人生中的第一步 …… 173

综合实践活动心得 …………………………………… 174
做航模给我的启示 …………………………………… 175
参加综合实践活动有感 ……………………………… 176
美好的回忆 …………………………………………… 178
综合实践活动日记二则 ……………………………… 180
难忘的实践活动 ……………………………………… 182
难以割舍的感情 ……………………………………… 184
永远忘不了的三天 …………………………………… 185
儿子在成长 …………………………………………… 186
儿子的变化 …………………………………………… 187
雏鹰放飞 ……………………………………………… 189
女儿在慢慢长大 ……………………………………… 191
他真的变了 …………………………………………… 192
天天的变化 …………………………………………… 193
我们都是好孩子 ……………………………………… 195
女儿的变化 …………………………………………… 197
儿子的"实践活动" …………………………………… 198
宝贝的实践活动 ……………………………………… 200
圆满的千灯之行 ……………………………………… 201
一堂印象深刻的综合实践课 ………………………… 204
收获第一次 …………………………………………… 206
难忘的基地生活 ……………………………………… 211

后记 …………………………………………………… 213

亲近自然

qin jin zi ran

油菜花盛开的时节
我们像蓝天里的一群蝴蝶
吮吸着雨露和晨曦
渴望展翅
渴望五彩的飞翔

认 识 植 物

年　　　级：初中二年级
方案设计者：沈福强

设计思想

通过实践活动,学生能真正体会到每一个植物都是有生命的,明白从小要爱护植物、保护植物、珍惜生命的道理。

学情分析

通过活动,发展学生的动手能力,提高他们亲身参与社会实践的积极性。

活动目标

情感目标　让学生获得亲身参与社会实践的真实感受,积累一定的实践经验。

能力目标　培养学生与他人合作的能力,发展学生的实践能力。

认知目标　让学生初步认识本地区的常见植物及常见绿化植物。

重点难点

重点　指导学生寻找到规定的植物,使他们了解植物各方面的信息。

难点　拓展学生对某些植物各方面的了解。

活动准备

准备好投影件、电脑、植物单、垫板、笔等材料,以备活动时使用。

安全事项

听从教师、教官指挥,活动中不吵闹、不推搡;8人一组协作完成;不能拥挤,注意撑出的树枝,当心受伤;不能到河边去找植物。

活动过程

一、导入活动

(一)观看视频。

引言:同学们,今天进行的实践活动内容是《走进大自然》,现在让我们首先观看视频《生命植物》,直观地了解植物。(20分钟)

(提醒:在活动时不能踩踏草坪)

(二)观后教师小结。

这段视频让我们了解了如下知识:

1. 植物需要阳光。

2. 植物的生长、开花、传粉、结果是有一个过程的。

3. 在过冬时,有些植物有防冻剂,可以做到四季长青。

4. 植物都是有生命的。

(三)指明活动内容。

由于植物的认识范畴很广,加上我们活动的时间有限,所以这次实践活动的内容设定为:

1. 认识苏州地区、实践基地里的一些植物。从植物的叶、茎、干、根等方面观察,找到相应的植物。

2. 走出基地,到大自然、大唐生态园中去,呼吸新鲜空气,接地气,更好地发挥出自己的"正能量"。

二、寻找目标

组织学生对照植物的名称,寻找到相对应的编号,并赏析植物。(30分钟)

1. 让学生分组寻找植物。

每组寻找10种植物,说出其名称,观察植物的形状、特征。

2. 让学生根据植物的名称,说出赞美植物的诗句。

例如,赞美荷花:"小荷才露尖尖角,早有蜻蜓立上头。"(宋·杨万里《小池》)"荷叶生时春恨生,荷叶枯时秋恨成。"(唐·李商隐《暮秋独游曲江》)

赞美蜡梅:"墙角数枝梅,凌寒独自开。遥知不是雪,为有暗香来。"(宋·王安石《梅》)"冰雪林中著此身,不同桃李混芳尘。忽然一夜清香发,散作乾坤万里春。"(元·王冕《白梅》)

3. 讲清活动区域。

图1 活动区域图

4. 强调注意事项(见"安全事项")。

三、检验成果

对照图谱,检验各组寻找的植物名称是否正确。对找对的学生加以表扬。(30分钟)

每组推荐1~2位学生发言,从植物的形状、特征等方面谈谈所认识到的植物。

四、活动小结

老师:今天我们认识了一些植物,了解了我们基地里植物的种类和特征。这样,在今后的生活中看到这些植物,就能说出它们的名称、特性和价值了。

五、课后反思

1. 活动中,每个小组的学生都仔细地观察并了解了花草树木的状态及特征,培养了对花草树木的浓厚兴趣;观察过程中不断地发现问题,通过各种途径查找各种资料,了解各种植物种类、形态结构及其生长规律,了解植物的分类(科、属、种),认识了植物的多样性。不仅大大丰富了对植物的认识,更重要的是形成了不断地观察、发现问题,并自主尝试用各种学习资料解决问题的学习习惯。

2. 活动过程中,学生的团体合作意识得到了增强,他们都深深体会到了与他人合作、交流的乐趣;特别是小组讨论、交流、探讨等活动形式,不仅使他们认识了花草树木在自然环境中的作用,了解了一些化学知识,更让他们接受了一场爱护花草树木、保护环境、美化校园的思想教育,进一步增强了环保意识。

3. 实践活动与语文课程结合,让学生查找和诵读了一些关于植物的诗词,深深体会了文人们对植物的情结,也丰富了他们的文化底蕴。学生都觉得在这种轻松愉快的活动中学到了很多课堂上学不到的东西,也真正地尝到了学以致用的甜头。

4. 植物既可以美化环境,又可以使我们的生活健康。教师还可以培养孩子的动手、探究能力,倡议学生加入爱绿、植绿、护绿的队伍中,为保护生态环境做一份贡献。

附:植物名称及有关知识列举

一、灌木类植物

丹桂树:无性系。灌木型,中叶尖,中生种。系福建省农科院茶叶研究所以大红袍为母本、肉桂为父本杂交育成的新品种,抗寒性、抗旱性强,适应性强。

木槿:木棉、荆条、木槿花等,是一种在庭园内常见的灌木花种。为锦葵科木槿,属落叶灌木。在园林中做花篱式绿篱,孤植、丛植均可。木槿种子入药,称"朝天子",是韩国的国花,在北美洲又有"沙漠玫瑰"的别称。

女贞:冬青等,为木樨科,女贞属常绿灌木或乔木,高可达25米;树皮灰褐色,枝黄褐色、灰色或紫红色,圆柱形,疏生圆形或长圆形皮孔。为亚热带树种。枝叶茂密,树形整齐,是常用观赏树种。可于庭院孤植或丛植,作行道树、绿篱等。

二、攀缘类植物

紫藤：别名藤萝、朱藤、黄环。属豆科、紫藤属，是一种落叶攀缘缠绕性大藤本植物。干皮深灰色，不裂；春季开花，青紫色蝶形花冠，花紫色或深紫色。为暖带及温带植物，对生长环境的适应性强。产自河北以南黄河长江流域及陕西、河南、广西、贵州、云南。民间用紫色花朵制作"紫萝饼"、"紫萝糕"等风味面食。

蔷薇：著名的观赏植物。均为灌木，花瓣5裂或重瓣，花有香气，枝茎常有刺；羽状复叶极稀单叶；雌蕊多数；花托成熟时肉质而有色泽；瘦果，生在杯状或坛状花托里面。广泛分布在亚、欧、北非、北美各洲寒温带至亚热带地区。有200多种，中国产91种，月季、玫瑰和蔷薇为其代表植物。蔷薇属植物，花香宜人，许多种花瓣可提炼珍贵芳香油，常用种类：突厥蔷薇、玫瑰花、山刺玫、野蔷薇等。

三、色带类植物

栀子花：栀子、黄栀子，茜草目、茜草科。栀子属常绿灌木，喜温湿，向阳，较耐寒，耐半阴，怕积水。要求疏松、肥沃和酸性的沙壤土。原产于中国。栀子花枝叶繁茂，叶色四季常绿，花芳香，为庭院观赏植物。其花、果实、叶和根可入药，有泻火除烦、清热利尿、凉血解毒之功效。

瓜子黄杨：常绿灌木或小乔木，高1~3米。茎枝呈四棱。宽椭圆形或宽倒卵形革质的叶子对生，钝头或顶上微凹缺。春季开花，雌雄同株，簇生。生长于海拔1200~2600米的地区。多生于山谷、溪边和林下，有栽培作观赏用。

四、草皮类植物

葱兰：多年生草本植物，鳞茎卵形，直径约2.5厘米，具有明显的颈部，颈长2.5~5厘米。叶狭线形，肥厚，亮绿色。长20~30厘米，宽2-4毫米。原产南美洲及西印度洋群岛，现中国各地都有种植。喜阳光充足，耐半阴，常用作花坛的镶边材料，也宜绿地丛植，最宜作林下半阴处的地被植物，或于庭院小径旁栽植。有消肿、散瘀之功效。

五、竹类植物

紫竹：又名黑竹、乌竹，散生竹，原产中国，南北各地多有栽培，耐寒性强，对土壤要求不严，喜光耐阴，可供观赏、药用及制作小型家具或鱼竿、手杖和乐器等物品。

箬竹：别名米箬竹、箬叶、粽巴叶、若竹、箬叶竹、橝竹，为禾本科竹类植物。竿高 0.75~2 米，直径 4~7.5 毫米，叶片大型。属观叶植物，具有较好的观赏性。叶片多用以衬垫茶篓或装作各种防雨用品，也可包裹粽子。

图2 紫藤

图3 蔷薇

图4 栀子花

图5 葱兰

图6 棕榈

图7 桂花

走进生态园

年　　　级：小学五年级
方案设计者：陈月弟　沈建林

设计思想

通过活动学生接触了大自然，丰富了对自然的认识，从而培养了亲近并探究自然的意识，热爱自然。初步形成自觉保护周围自然环境的意识和能力。

活动准备

各校提前分组，每组 6 人，并选好组长。学校与大唐生态园做好联系工作。

安全事项

制定好参观行进路线。活动中不吵闹、不推搡；不到河边玩耍；穿越公路时听从教师指挥。

活动过程

一、活动前奏

每班学生在教室集中，由领队教师做相关的介绍和布置，展示图片，导入活动。

1. 介绍生态园的概况：大唐生态园是 2005～2007 年千灯大唐村、大潭村、盛家村三个行政村投资 5000 万元建设的昆山市国家农业示范生态农业基地。

生态园建有 PC 板玻璃温室、44022 平方米喷灌系统等设施。依托科技，引进瓜果类、叶菜类、茄果类新品种 30 多种。成功申报了 6 种绿色食品。通过道路、绿化及其他设施建设,已成为一个真正的"生态王国"。

2. 对学生提出参观时的要求：排队进入，不大声喧哗，不采摘园内的一草一花。以每小组为单位，沿途辨别不同的植物，并记录下所见植物的名称。

二、感受生态园

由领队教师带队，整队步行进入生态园。

1. 领队教师按参加生态园南区的行进路线带领学生循序参观园内景物，在行进中学生观看、记录园内各种花、草、树、木的名称。

2. 进入生态园种植大棚，观看里面的瓜果及生产设施。在参观过程中领队教师和学生讨论相关问题。

三、小结交流

1. 整队回教育基地，学生交流参观生态园的感受。

2. 教师在学生交流的基础上做一个简短的小结（根据活动情况而定）。

3. 结束语：同学们，今天我们进行了一次亲近大自然的活动。我们通过观察、探求，知道我们的生活中有一个千姿百态的植物世界。同时，我们还要知道在身边还有一个丰富的动物世界，以及许多肉眼都看不到的微小生物。我们的生活离不开它们。我们不但要认识它们，更重要的是要关爱它们、保护它们，使自己成为大自然的关爱者、保护者。

附：大唐生态园简介

图8　大唐生态园外景

大唐生态园始建于2005年3月，总规划面积3500余亩，总投资达8500多万元。园区位于昆山国家农业示范区内、千灯镇西南侧，距镇区5公里。地理位置优越，生态环境良好。

园区占地12600亩，分为生态果林示范园、休闲农业示范园和高效农业示范园三大功能园。拥有多名技术人员和专业人才,并依托南京农业大学、江苏省农业科学院、苏州粮经站、昆山市农技推广中心多家单位为技术后盾。示范辐射带动的蔬菜种植户有120户,种植面积近5000亩;辐射带动的瓜果种植60户,种植面积3000亩。

图9 大唐生态园外景

园区中的农业博览馆,是一个建筑面积8812平方米的自控玻璃温室。馆内设置了树形栽培区、水生栽培区、墙面栽培区、气雾栽培区及立柱栽培区等区域,中间配以假山瀑布、喷泉、滨水景观步道、休闲广场等休闲观光设施。

图10 大唐生态园外景

图11 大唐生态园外景

劳动（挖山芋）

年　　级：初中二年级
方案设计者：沈福强　陈月弟

设计思想

通过活动,学生能真正体会到"谁知盘中餐,粒粒皆辛苦"的道理,从而珍惜粮食,体会劳动实践的喜悦,享受丰收成果。

学情分析

如今的学生在家大多深受家长溺爱,缺乏劳动意识,浪费粮食的现象较为严重。活动能使学生养成节俭品质,发展动手能力,调动他们亲身参与实践的积极性。

活动目标

情感目标　让学生获得亲身参与实践的生活体验和丰富经验。
能力目标　培养学生与他人合作的能力,发展学生的实践能力。
认知目标　让学生初步掌握植物生长的规律和相关知识。

重点难点

重点　使学生掌握一定的劳动技能,挖山芋时确保学生安全。
难点　教会学生正确使用、操作锄头、铲子,保持所挖山芋的完整性。

活动准备

准备好15把锄头、25把铲子、20只篮子等劳动工具和收获容器。准备好邦迪及消毒药水等应急品。

安全事项

听从教师、教官指挥,劳动中不吵闹、不推搡。劳动中保持一定的距离。锄头不能举过膝盖高度,不能用锄头当打闹的工具。使用锄头时,其他人远离地垄,不得靠近。

活动过程

一、教师讲解有关山芋的植物知识

山芋,又称红薯、甘薯、番薯等。之所以称番薯,大抵是因为它是"舶来品"。相传,山芋最早由印第安人培育,后来传入菲律宾,被当地统治者视为珍品。16世纪时,由商人传到中国。

山芋中含有人体需要的多种营养物质。特别是含有丰富的赖氨酸,它是一种理想的减肥食品。山芋还有抗癌作用,并可有效抑制糖尿病。

二、简单介绍山芋的种植、保存过程

1. 山芋的栽植在春、夏两季。以蔓栽为主,蔓栽就是种植山芋秧;极少以切块或瓜栽。都是先起垄后栽秧。

栽秧时间:春山芋在4月下旬,夏山芋在6月中下旬至7月中旬。一般选无病壮苗经药液浸苗后栽插。10月份就可收获。

2. 种植时,要筑地垄和垄沟,作用是易于排水和吸收水分及加快根的膨胀速度。适度密植是山芋高产的保证;要增加产量,夏栽时须经常翻藤。

3. 收获的山芋可长时间保存。山芋的保存要保持一定的温度,不要太冷也不要太热。特别是冬天,不要把山芋冻了。那样的话,山芋就发苦不能吃了。刚刚刨出的山芋不甜,放上一段时间把水分控好就甜了。

三、讲解、演示挖山芋的操作过程和使用工具时的注意事项

1. 讲解、演示如何使用锄头。

(1) 可以采用"踩"的方式挖山芋。把锄头端点放在离根部20厘米左右的位置。放稳,脚踩在锄头顶端,用力踩。用力要平稳、均匀。踩到底后,用手握住另一端向上提。

(2) 可以采用"刨"的方法挖山芋。在离山芋根部距离20厘米处刨地。锄头不能高于膝盖高度。

2. 讲解、演示如何除去山芋藤(图12)。

为了安全起见,要求学生齐心协力用双手抓住山芋根部用力往上拔(此时千万不能用锄头),拔下的山芋藤放在身后。

图12　除山芋藤

3. 讲解、演示如何挖山芋(图13)。

看到山芋后,不能直接用锄头往山芋身上砍,要挖出完整的山芋必须要先把周围的泥巴扒开。做到细致、耐心。

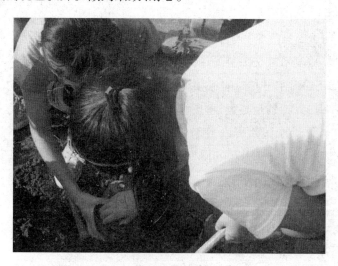

图13　挖山芋

四、学生活动

分组安排,让学生按规定的操作顺序和传授的方法在地头上挖山芋。

1. 以 120 人为单位,分成两大组,排成两行,人与人之间保持一定距离。

2. 每人一把锄头,8 人为一小组,由组长统一发放(劳动结束后收齐锄头)。

3. 在组长的带领下,在规定区域内除去山芋藤。

4. 翻松泥土,在划定的小区域内挖垦山芋。

五、成果展示

各小组把挖好的山芋集中归放到篮子里,同时把锄头统一放在规定的地方。各组展示成果。

六、活动总结

教师:在整个挖山芋过程中,带队教师协同教官、辅导员始终按照挖山芋的安全注意事项来操作,每个学生都感到内容丰富、体验充实,真正能参与其中,乐在其中。

七、教学随感

1. 劳动教学是九年义务教育重要的内容之一。利用自然资源组织劳动教学,更能拉近学生与自然界的距离,更有利于培养学生的劳动意识,激发学生主动参与社会劳动的内在动机。

2. 劳动教学应寓思想教育于其中。把思想教育与培养良好的行为习惯和掌握知识、技能有机结合起来,能使学生既懂得怎样以实际劳动为自己、为家庭、为社会做贡献,又养成珍惜劳动成果的好习惯。

3. 劳动课也要认真备课,选好教学内容、劳动场地,通知学生带好劳动工具,加强现场指导,加强安全管理。有些劳动课,可根据内容,运用现代化教学手段操作示范。

4. 在劳动教育中,还可渗透美学原理。美存在于自然、社会、人格和艺术的广泛领域。劳动者是最美的,劳动美蕴含着社会美、人格美、科学美和艺术美。劳动能使学生的语言、行为、内心更加美丽。

认识草编

年　　　级：初中二年级
　　　　　　小学五年级
方案设计者：叶　子

设计思想

活动可以让学生认识草编工艺，了解民间手工制作技艺，学会简单的草编技艺。

活动可以让学生亲近自然，培养他们与劳动人民的感情；同时感受农耕文化，接受传统文化教育。

认识草鞋，可以让学生了解草鞋文化、"草鞋精神"（中国工农红军穿草鞋南征北战、杀敌御寇的精神），传承红军艰苦朴素、团结奋斗、坚韧不拔的革命精神。

学情分析

由于时代的不断发展，传统草编工艺逐渐淡出了人们的生活。但某些草编产品依旧出现在家庭和生产劳动中。

草编作为传统技艺的一个重要部分，已经存在了几千年。虽然学生对草编工艺比较陌生，但当他们参加简单的草编劳动后，会对此产生一定的新奇感或好奇心。

教师要抓住学生的这种心理特点，因势利导地对学生做正确引导，激发他们关心传统文化的热情；开拓学生的视野，引领他们走进民俗文化美丽的殿堂。

活动目标

情感目标 让学生了解自然、亲近自然,培养学生热爱劳动、热爱家乡、热爱生活的感情。

能力目标 让学生学会简单的草编技艺,培养他们的实践能力和探究精神。

认知目标 让学生初步了解草编历史、草编种类、草编与生活的关系,认识草编技艺。

重点难点

重点 让学生了解草编传统工艺,了解草编技艺相应的历史和曾经起到过的作用。

难点 教会学生搓绳、编麦辫等简单的草编技艺。让有兴趣的学生尝试草鞋编制。

活动准备

准备好木榔头、剪刀、水槽等工具,准备好柴草、去除麦穗后的青白麦秸秆、晾干的蒲草等编织材料。

安全事项

使用榔头捶打柴草时,当心手指,以免被敲到。浸渍草料时,不要跑到河边去。剪刀不能乱扔,以免误伤自己或他人。

活动过程

一、导入活动,激发兴趣

展示草编作品。如蒲鞋、脚炉窠、茶壶窠、草帽、草绳、蓑衣等。让学生对草编工艺有一个感性认识。

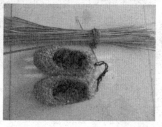

图 14~17 茶壶窠、草鞋、草帽、蒲包、草轩、草帘等

二、介绍草编的历史和内容

1. 草编历史。

编织工艺的源头应上溯到"结绳记事"。因"绳"与"神"谐音，先民们便用绳子打结来传递信息、表达思维和帮助记忆，以求吉利。

秦汉时期，草编已在民间广泛使用，品种有草鞋、草席、草扇、草帘及僧侣信徒打坐的蒲团等。

汉代至盛唐，草编较发达。除了用蒲草编制蒲衣、蒲鞋外，还有蒲草编制的蒲帆。

2. 草编的内容。

长江流域地区的草编，以草席、草鞋和其他日用品类最具特色，多用稻草、蒲草、黄草、苏草、席草、龙须草、马蔺草、蒯草、荇草、竹壳等为原料编织。

昆山地区的草编，以就地取材、满足日常需要为特点。主要是利用田间所产的草料，编成各种劳动和生活用品。由于以水稻、小麦为主要粮食作物，因此稻草和麦秆在草编中被广泛利用。

旧时，农家基本上都会草编。还邻里间相授，世代传袭。除了编制草鞋外，还编制草包、囤窠、脚炉窠、茶壶窠、蟹篓、草轩等。

此外，人们还用麦柴编织麦辫，盘制草帽、草扇；编制麦柴盛器"升箩"和祭祀用的"金斗"。用棕叶编制各种玩具和工艺品。

草编所的用草料,需草茎光滑,节少,质细而柔韧,有较强的拉力和耐折性。因此,采割来的草料先要挑选,梳理整齐,初步加工后方可编制。

草编制品既作自用,也是家庭副业的重要补充。以前农民编制的各类草产品,销售至附近小镇或城市,换取油盐酱醋、布料等生活必需品。

三、探究草编工艺

1. 麦秆编织。

麦秆编织,以麦柴芯子为主要原料。大致有两类:一类是生活用具,如麦辫、凉帽、金斗等;一类是孩童玩具,如升箩、海螺、蜻蜓套、小鱼船、油卜、三角包等。

2. 柴草编织。

利用柴草编织的产品,有草(柴)包、牛轩、伩篱(草篱笆)、车荐、草鞋、米囤、草绳等。

草包,是用柴草编成的包,用于装载谷物或泥土,筑坝、固堤。编制草包俗称"打草包"。用木架、木箝、竹钩为工具,两人配合,一人添柴,一人压箝。

以前,每年农家都用米囤来储存大米。米囤为圆柱形,空芯,有盖。编制米囤称"扎囤窠"。扎制米囤的工具叫"囤铲"。

牛轩、伩篱和车荐,或由生产队安排中老年人或妇女劳力编制,或由家庭在空闲时编制,属于农活范畴。

茶壶窠、脚炉窠、焐(饭)窠等,用于存放相应的器具,同时起到保温作用。都有拎档。除脚炉窠外,都有窠盖。茶壶窠还有"嘴巴"。

3. 其他编织。

其他草编,还有蒲草编织、草席编织、棕叶编织等。

蒲草编织的实用品,有蒲垫、蒲包、蒲鞋、拖鞋等。其中蒲包,是用于存放鱼、蟹、虾的蒲草渔具,呈方形或圆形,有拎手,保水性优于竹篓。

蒲草编制的草鞋,称"蒲鞋",是旧时农家必备的鞋具。农人家里贫困,买不起布鞋和胶鞋,便编几双草鞋穿穿。

蒲鞋种类很多。夏季有风凉蒲鞋,春季有布头、花头蒲鞋,冬季有高帮、芦花蒲鞋;孩童有红绿丝蒲鞋,青年有绒球蒲鞋;雨天有木屐。

草席,是用席草为原料编织的席子。席草俗称"灯草"、"丝草",南港、

图18 周庄才女沈红妹和她的棕编工艺

大市、周庄一带的农民曾大面积种植过。

草席具有凉爽、细密、光滑、柔韧的特点,一般在冷暖交替季节使用。以前,锦溪曾开办席厂,专编草席、枕席等用具。

棕榈是终年常绿的树,树干上的棕毛可搓成棕绳,用于制作床垫;叶子可做扇子。利用棕叶编制玩具和工艺品,称"棕编"。如今,周庄街头开有展示传统棕编工艺的作坊。

四、学习简单的草编

草编的基本技法与竹编类似,通过结、辫、捻、搓、拧、串、绕、盘等手法制成器具。

下面让我们一起来学习两种简单的草编:搓绳和编麦辫。

1. 搓绳(如图19)。

搓绳比较简单,但也要按照一定的程序操作。

(1)跌柴。即用榔头捶打柴草的头部,使其变软熟。但用力不能过猛,以免将柴捶烂。

(2)删柴。即将柴草上的柴壳去掉。方法是:一只手拎住柴个的梢部,上下左右抖动,另一只手从柴的头部脱去柴壳。然后将柴整理齐整。

图19 搓绳

(3)浸柴。即将柴草浸入水中,几分钟后捞起。因为柴草性燥,容易断裂,浸柴可增加柴草的韧性。

(4)搓绳。

① 起头。根据需要的粗细,将3~4根柴草握在掌中,从中间折起,一

掌在上、一掌在下。上掌向外搓转,再握住柴股回拉,继而向外搓转,使柴成"铰链"状。

② 搓绳。将搓好的绳头坐到屁股底下,继续用上述方法搓绳。柴短了要添柴。新添的柴要夹在两股柴的交叉口;转动掌心,让新柴和老柴交融在一起。把戳出的柴头用剪刀剪去。

2. 编麦辫。

编麦辫的主要技法有平编、辫编、盘编、缠编等。平编与柴编相似,辫编就是将麦秆编成麦辫。

编麦辫要选择有韧性、清白、匀称的麦秆,这样编出的用具才光亮、好看、耐用。为了防止麦柴的断裂,编前要先放在水中浸湿。

麦辫有五根辫、七根辫、九根辫多种。五根辫用3根麦秆起头,7根辫用4根麦秆起头,以此类推。下面是七根辫的编织方法(如图20)。

(1) 起头。将麦秆3竖(2上1下)1横摆放,将右侧外面的麦秆向里折,压1挑1。第二根再向里折,压1。

图20 编麦辫

(2) 编辫。转动麦秆,将横的1根向里折,压1挑2。此时,麦秆左面4根、右面3根分开。将左面1根右折,压1挑2;右面一根左折,压1挑2。以此类推,不断将两边的麦秆向里折,即成麦辫。

(3) 添柴。麦秆变短了,就要添柴。添麦秆时,将短的1根向后折,后继的麦秆插在前面,掐断短麦秆,使正面光滑。然后继续编织。

麦辫可制作扇子、凉帽等日用器具。凉帽也称"草帽",夏天戴在头上,可挡风遮阳。以前,农民常编织麦辫,或卖给镇上的采购站,或自编凉帽、凉扇、手提包等用具。

制作凉帽,有盘辫、缝纫两道工序。从帽顶开始,将麦辫盘成圈。边盘边缝接边沿。帽顶制好后再制帽檐。帽檐由内向外一圈圈增大,直至需要的宽度。

五、学生活动

学生自选项目(搓绳或编麦辫),在教师的指导下,自动组成小组,学习编织。熟悉蒲草编织的同学,也可用蒲草编织自己喜爱的小工艺品。

六、活动延伸

搓绳比较简单,但作用很大。绳子可以搭棚、揽船、挂物,也可以用来编织草包、草帘和草鞋等制品。

锦溪的老干部於关泉,15岁就跟父亲学草鞋编制。退休后就"重操旧业",编起了草鞋和"红军鞋"。近年又在镇上街头(槃亭街)开设了"夕阳红草根坊"。

草根坊中有鞋、轩、窠、包等草制品,其中草鞋是重头。於关泉开设草根坊,其宗旨在于传承草编文化、弘扬草鞋精神,关心下一代成长。

编制蒲鞋,有搓绳(棕绳、麻绳或草绳)、编鞋底、编鞋面(帮)、扎口、修边等工序。

其中编鞋底和鞋面是主要工序,技术性较强。走进草根坊,既可看到各类草编用具,又能学习草鞋的编织技巧。

有机会可到锦溪"夕阳红草根坊"参观。於关泉爷爷会亲手教你编织草鞋(如图21),让你感受传统文化的魅力。

图21　於关泉在向学生传授草编技艺

沙雕制作

年　　级：初中二年级
方案设计者：胡　平

设计思想

为学生提供一个拓展个性与特长的广阔空间,以陶冶学生的情操、提高他们的审美能力。引导学生参与文化的传承和交流活动,发展学生的感知能力和形象思维能力,从而形成创新精神,促进个性形成和全面发展。

教学方法

1. 行动研究法：在拌沙、玩沙中,在动手做小沙雕画作品时,不断反复操作实践,让学生用行动表达自己的感情。

2. 实验研究法：沙雕画操作中胶水搅拌的湿度掌握须多次实验,以便粘接得更牢固;沙雕作品的形式上须做多种尝试,有利于提高创造能力。

3. 调查研究法：多搜集时事及有关图片资料,调查舟山沙雕动态信息及与沙雕有关的旅游纪念品信息。

4. 观察研究法：在小沙雕作品涂色与制作过程中多观察,分析怎样才能把小沙雕作品展现得更美丽。

活动目标

情感目标　在学习活动过程中,培养学生团结、协作的能力,发展学生的综合实践能力和探究发现能力。

能力目标　培养学生对儿童沙雕画学习活动的兴趣,初步探索、感知沙子的特性;培养学生的想象力、创造力和造型能力。

认知目标　让学生联系生活与时事,搜集相关的海岛文化教育资源,挖掘海岛文化与生活、时事中适合中小学沙雕画的内容,搜寻符合沙雕画的图案,寻找丰富的绘画视觉。在生活中体验学习的乐趣,并培养对美术学习的持久兴趣。

重点难点

重点 通过运用名胜建筑沙雕和表现卡通题材的沙雕作品,充分激发学生创作的兴趣与热情,使学生在课堂中积极主动地投入创作活动中去。

通过小组合作,巧妙地运用学生的个体差异,使每个学生能都体现自身的价值,体验到团结协作精神。

难点 通过活动,让学生感悟沙雕艺术所具有的强烈视觉冲击力,理解沙雕作品的文化内涵。

通过沙雕造型的训练,让学生在乐中学、学中乐,创作出有新意的沙雕作品。使他们在积极的情感体验中提高审美意识和审美能力,增强对大自然和人类社会的热爱,产生创造美好生活的愿望。

活动准备

搜集有关沙滩作品的图片资料、录像资料。准备好场地、沙、铲子、胶水等工具及材料。

安全事项

要求学生在使用工具时,要带上薄棉手套;在制作沙雕时,不要扔沙嬉闹。

活动过程

一、揭示课题

师:同学们,今天我们活动的主题是了解古今中外的名胜建筑沙雕、卡通题材的沙雕,学习简单的沙雕画。

二、导入活动

1. 形象回顾。

练习之前,先请学生回顾一下各自最喜爱的名胜建筑沙雕、卡通形象,并说一说它们的大体特征。

2. 作品欣赏。

师:下面,我们一起来欣赏一下名胜建筑沙雕和与卡通有关的沙雕作品(图22、图23)。

图22为名胜建筑沙雕作品中国的万里长城,图23为儿童沙雕卡通画。请讨论、欣赏。

图22 万里长城沙雕

图23 儿童沙雕

3. 小结。

名胜建筑沙雕是生活中常见的形体。卡通形象都是运用夸张和变形的手法从日常生活形象中提炼而成的,希望同学们在练习中大胆地运用夸张、想象,创作出自己独特的沙雕形象。

三、学习沙雕

1. 师生互动。

师:同学们,看了这些精美的沙雕作品,你有什么感受呢?

让学生进行讨论、回答。

2. 制作步骤和技法指导。

(1) 堆沙造型。

以小组为单位,讨论确定沙雕内容,按照内容形象的特点,运用堆、挖、雕、掏等手段,堆出大体的造型。

师：沙雕作品的大体造型至关重要,如果形体轮廓起伏不明显,则只能成为沙画,从而失去了沙雕的魅力。总体的造型应保持金字塔型。沙雕作品都是用"减法"雕刻的,所谓"减法"就是只能挖除、不能填补。

(2)确定细节内容。

教会学生用雕刀轻轻地勾勒出沙雕所要表现的细节内容,诸如人的五官、四肢等。

(3)明确小组分工。

小组讨论,确定分工。通过组员和组员、小组和小组之间的合作与竞争,激发学生的创作积极性。

(4)教师示范操作。

① 块面雕刻：用水泥刀从上往下进行块面切割。注意所有的雕刻用的都是"减法",因此关键部位动刀前必须谨慎,一旦雕去以后再补沙很容易风化坍塌。

② 细部雕刻：大形出来后,用刮刀进行细部雕刻。精细部位、凹进去部分用小刮刀雕刻完后,可用吸管吹去浮沙。

③ 整理：作品完成后,用毛刷或手清洁沙雕表面和地面。

3. 学生创作实践。

(1)小组成员分工合作、共同创作。

(2)教师巡回指导,参与学生的制作过程。

4. 展示、交流。

学生展示作品,全班交流,互议互评,体验艺术创新的乐趣和成功的喜悦。

四、课堂小结

沙雕既是一门艺术,又是一个娱乐项目。在科技不断进步的今天,我们要用艺术家创造性的眼光和环保意识去尝试创作,做一个勇于创造的人,使自己的生活更美好。

社会实践

she hui shi jian

红旗下我们绽开了笑脸
让手中握住着的那颗种子
播撒在心间
播撒在
太阳升起的地方

千 灯 行

年　　　级：初中二年级
方案设计者：王伯明
课　　　时：180 分钟

设计思想

研学旅行是由学校根据区域特色、学生年龄特点和各学科教学内容需要,组织学生走出校园;通过集体旅行、集中食宿等方式,使学生拓展视野、丰富知识,加深与自然和文化的亲近感,增加对集体生活方式和社会公共道德的体验,培养自理能力、创新精神和实践能力。

学情分析

千灯古镇距今已有2500多年的历史,是著名爱国学者顾炎武的故乡,又是昆曲的发源地,而明清石板街堪称"江南一绝"。

初二学生渴望接触家乡的人文历史。水乡文化之旅——千灯行,能陶冶学生热爱祖国、热爱家乡的高尚情操。

活动目标

情感目标　培养学生热爱祖国、热爱家乡的感情,增强他们的民族自豪感。

能力目标　培养学生的自理能力、创新精神和实践能力。

认知目标　让学生了解千灯丰富的历史人文,加深与自然和文化的亲近感。

重点难点

重点 让学生了解顾炎武的生平和昆曲的发展历史。

难点 使学生安全文明、有序礼貌地参观千灯古镇。

活动准备

1. 精心设计好参观线路：古戏台—千灯馆—顾炎武纪念馆。
2. 提前分组，并选好组长。

安全事项

1. 对参观线路进行地毯式搜寻，排除安全隐患，尤其是大戏台进出的楼梯、顾炎武纪念馆的池塘等，应摆放明显的警示标志。
2. 人员配置：实践基地主任一名、实践指导教师两名、实践学校的领队及班主任多名、教官三名、景点导游三名。

活动过程

一、简单介绍参观古镇的目的、要求

1. 了解千灯的人文典故。
2. 了解千灯的变迁。

千灯古时属吴地，吴王寿梦曾在镇之秦柱山上建烽火楼，以望海寇。秦始皇东巡诸侯守地时，曾登此楼望海，所以又称"秦望"。后因淞江自吴门东下至此，江之南北共有一千个土墩，故名"千墩"。新中国成立后更名"千灯"。

二、简介千灯古镇的历史、人文以及特色

在看完视频后，做简要介绍：

1. 千灯是一座距今已有 2500 年历史的中国历史文化古镇，是国家 4A 级景区。镇上保留着堪称"中国第一当"的余氏典当行，明清石板街为"江南一绝"。
2. 千灯是昆曲的发源地。昆曲是世界人类口述与非物质文化遗产、百戏之祖。

3. 千灯是明清时期伟大的思想家和爱国者顾炎武先生的故乡。

三、强调参观时的注意事项

① 注意安全。② 注意文明。③ 注意礼貌。④ 注意卫生。

四、集体有序乘车前往千灯古镇

五、参观景点

学生在老师们的带领下参观各个景点,由两名导游介绍景点的人文历史。

1. 参观千灯古戏台,欣赏约一刻钟的昆曲或评弹。了解昆曲的发展历史。

2. 参观千灯馆,了解灯的发展历史。

3. 参观顾炎武纪念馆,了解顾炎武生平。

参观时,学生可围绕教师预先提出的问题进行思考;参观结束后,讨论、回答问题。

(1) 千灯古镇的历史大约有多少年?

(2) 昆曲的发源地是哪里?昆曲的产生距今大约有多少年历史?

(3) 千灯馆中收藏的古今中外灯具大约有多少盏?分别属哪些年代?

(4) 顾炎武先生的生卒时间是什么?

(5) 顾炎武先生的最闻名遐迩的警句是什么?

(6) 纪念馆中收藏的顾炎武先生的著作大约有几卷?

六、参观结束后,集体有序乘车返回

七、课外延伸

节假日游千灯、周庄、锦溪等古镇,进一步了解昆山悠久的历史和深厚的文化底蕴,并将美丽的风光拍摄下来。

参观"贞丰街十二坊"

年　　级：初中二年级
方案设计者：叶子

设计思想

以周庄贞丰街为切入点，通过参观沿街开设的"贞丰街十二坊"和实地采风活动，让学生了解"中国第一水乡"周庄的民俗文化，从而了解几近失传的民间工艺，感受江南水乡文化的博大精深。

学情分析

初二学生大多对周庄古镇虽略知一二，但对周庄的历史文化知之不多或知之不详，对民俗文化和具有昆山地域特色的手工艺更是缺乏认识。通过参观和采风活动，可以开拓学生的知识视野，引领学生亲近地域文化。

活动目标

走进贞丰街，参观"贞丰街十二坊"，通过走、看、听、摄影等活动了解"十二坊"创设的时间、目的，展览的内容，包含的文化内涵，激发起学生热爱家乡、热爱祖国的感情。

重点难点

重点　参观"十二坊"中展示的手工艺品以及民间工匠的手工艺制作，让学生了解民俗文化，从传统文化层面感受周庄之美、昆山之美。

难点　引导学生感知传统手工艺品的制作过程，认知昆山丰富多彩的民俗文化。

活动准备

由学校与周庄旅游公司联系,分好小组。落实好数位当地导游,准备好车辆;学生有条件的可以带照相机。

安全事项

出发前,向学生申明旅游活动的常规事项,比如不要接近河边、不要独自离开团队,注意卫生、文明礼貌等。

活动过程

一、活动前奏:导入游览活动

1. 播放宣传周庄的录像《四季周庄》。让学生对周庄有一个初步的印象,观赏风光、名胜之美,激发起参观的欲望。

2. 概述周庄的历史和文化。让学生对周庄有一个完整的感知,为参观活动和认识周庄做好铺垫。

图24 水乡古镇周庄

教师:古镇周庄,春秋时期称"摇城",隋唐时称"贞丰里"。宋元祐元年改名为"周庄"。是国家5A级旅游景区,中国历史文化名镇。

周庄镇为泽国,四面环水,因河成镇,依水成街。800多户原住民枕河而居,60%以上的民居依旧保存着明清时期的建筑风格。井字型河道上完好保存着14座建于元、明、清各代的古石桥。

周庄有沈厅、张厅、双桥等著名文物古迹。吴侬软语,阿婆茶香,橹声欸乃,昆曲悠远,"小桥流水人家"如入画卷。

3. 简介"贞丰街十二坊"。切入教学目的,让学生初步知晓"周庄十二坊"的内容。

图25　周庄双桥

教师："贞丰街十二坊"在周庄古镇贞丰街上,由竹编坊、鞋艺坊、砖坯艺坊、酒作坊、铁艺坊、核雕坊、苏绣艺舍、圆木坊、土布坊、锦缛堂、聚宾楼、桃花坞木刻年画馆组成。集中展示了具有浓郁地方特色的手工艺文化,全面展现了明清江南水乡的街肆世俗文化。

二、实地参观:感受民俗文化

1. 进入周庄贞丰街。

接近目的地,欣赏沿街风景,感受文化氛围,开始参观采风。

2. 参观"贞丰街十二坊。"

教师带领学生有秩序地参观各个作坊,导游分别对作坊中的展品及其文化背景做讲解(下面为重点讲解的内容)。

竹编坊:周庄竹编生产历史悠久,清代在镇北形成了"箦竹埭",生产的筐、箕、箩、匾、榻、桶、席、篮等细密、坚实、耐用,闻名四乡八邻。如今,竹编坊内制作的小巧、实用的竹编工艺品,吸引着南来北往的游客。

鞋艺坊:以前乡间妇女爱穿绣花鞋。绣花鞋有"千层底",针针线线由手工完成。鞋艺坊所生产的绣花鞋,采用传统手工工艺绣制,既可作实用品用于日常生活,也可作工艺品展示、收藏。

砖坯艺坊:以前当地农民在农闲时常制作砖瓦。砖坯是砖的胚胎,经过砖瓦土窑烧制成盖房、铺地的青砖。砖雕是在青砖上雕刻物象或花纹。作坊前为展厅,后为作坊,展示了各式砖瓦的功用、类别及工艺流程。游客可现场参与制作,体味其中的奥妙。

酒作坊:以前周庄民间酿制的"三白酒"、"十月白"闻名一方。"源丰顺"酒作坊曾是周庄历史上最著名的颇具规模的民间酿造作坊。如今的作坊,恢复了当年的制酒场面,展示了原汁原味的酿酒工序、制作过程、酿制工具和器皿以及酒的历史渊源、特色、功能等丰富的酒文化。

铁艺坊：旧时小镇街头都有打铁作坊，制作农具和日常用具。铁艺坊传承了古老的打铁技艺。小小一间店铺，极具传统生活气息。现场生着炉灶，打铁声阵阵，还有火花飞溅，形成一种独特风景。

核雕坊：核雕以桃核、杏核、橄榄核等果核雕成艺术品，为民间微型雕刻工艺。作坊里的核雕做工细腻，表情细腻，眉毛、胡子做得细致生动，栩栩如生，是值得珍藏的艺术品。

苏绣艺舍：苏绣是苏州刺绣的简称，为中国四大名绣之一，以其表现手法细腻、逼真而闻名。布上的花饰都是女孩一针一线绣出来的。艺舍中，山水、亭台、花鸟、人物无所不有；零剪、戏衣、挂屏应有尽有。

圆木坊：旧时人们使用的日常生活用具都用木料制成。打制桶、盆、盘的工艺，称"圆作"。圆木坊里展示的器具，都是用树木为原料、由民间工匠打制的，严丝合缝，打磨细细，古色古香，滴水不漏。

土布坊：以前乡间有纺纱、织布的习俗，百姓所穿衣服的布料都是自己纺织的。土布的花纹简单，却自然、朴素、舒适、环保。土布坊里展示的不仅是纺纱、织布工艺，更是一种民族风情。

提示：学生在参观过程中，观看各个作坊的手工艺品和传统制作技艺，将导游的讲解同亲眼所见的情景相结合，加深对民俗手工艺的了解。还可以打开手机、相机，拍摄自己喜欢的镜头。

三、活动拓展：加深体验效果

1. 小结活动。学生谈谈参观采风的感受，并在同学间交流。

2. 在网上搜寻精美散文《走过贞丰街》进行阅读，加深对周庄民俗文化之美的理解。

3. 把拍摄得成功的照片整理出来，并起上一个合适的名字。

4. 了解周庄的民间习俗，如阿婆茶、传统婚俗、摇快船、打莲湘、划灯船等。如有机会，可观看原生态水乡实景演出《四季周庄》。

感受"民间博物馆"风采

年　　　级：初中二年级
方案设计者：叶　子

设计思想

锦溪镇是国家 4A 级旅游风景区,有"中国民间博物馆之乡"的美誉。借助古镇特色文化资源,通过对实地的参观游览,让学生感受锦溪的民间博物馆风采,体会民族文化的博大精深。

学情分析

初中学生接触社会的机会不多,对精彩纷呈的民族文化缺少感性认识。但他们对陌生的事物有较强的好奇心。通过参观游览,可让学生了解锦溪民间博物馆所收藏的内容、馆内藏品的相关知识,激发他们的求知欲望。

活动目标

活跃学生身心,开拓学生视野。让学生了解民间文化的丰富多样,了解民间博物馆的相关知识。培养学生从小热爱科学、热爱家乡的感情,培养他们对知识的探究精神。

重点难点

重点　让学生接触民间藏品,丰富知识,开阔视野,培养他们的探究精神。尤其是通过参观"杰出人物馆",激发学生爱祖国、爱科学的美好情怀。

难点　引导学生了解部分民间藏品的历史、性状与特点,体会收藏家们的心血。

活动准备

由实践基地联系锦溪旅游公司,请他们安排好相关导游。学生事前在网上搜索古镇锦溪的相关内容,对锦溪镇的历史文化有一个大体了解。

安全事项

要求学生遵守外出纪律,注意旅游标识,爱护公共财物,注意环境卫生,确保人身安全。

活动过程

一、导入活动

(一)在学校播放有关锦溪的录像《水映江南,流韵锦溪》,使学生初步认识锦溪镇。

(二)简要介绍锦溪的历史和文化。

1. 锦溪和周庄、千灯一样,是中国历史文化名镇,国家4A级景区。南宋时,因孝宗葬陈妃于五保湖中,曾更名"陈墓"。1992年恢复"锦溪"镇名。

2. 锦溪宛若一颗明珠,镶嵌在金波玉浪之中。这里小桥流水、人家枕河,风景秀美。有一河两街、典型的明清街景。桥多、窑多,素有"三十六座桥,七十二只窑"之称。

3. 民间博物馆是锦溪的一张旅游名片。一个个小巧精致的博物馆,或镶在老街林立的店铺中,或躲在小巷民宅里,展示着中华民族的悠久历史和华夏文化的源远流长,也为锦溪赢得了"中国民间博物馆之乡"的美誉。

二、参观游览

教师、教官带领学生去锦溪参观游览。重点为现存的十个民间博物馆,请多名导游分组讲解各个博物馆的历史和内容。

重点介绍几个博物馆,导游词要点如下:

1. 中国古砖瓦馆。

位于下塘街中段。藏品涉及瓦当、滴水、屋脊构件、建筑砖、铭文砖、祭祀砖等14大类。从汉代城砖、六朝板瓦、西晋纪年砖、唐宋凿榫井砖,到明清、民国时期的各类青砖,以及镂着精美莲花纹、忍冬纹、福禄寿图案的瓦当,应有尽有。

图26 古镇锦溪

图27 锦溪渔唱

馆中珍藏着年代最久远的一块砖,由黏土、砻糠和稻草糅合,并以竹竿和芦苇做骨架,经堆积大量干柴用大火焚烧而成,考古界称之为"红烧土",是砖的"雏形",砖之"元祖"。

馆藏西汉墓室砖,长1.12米、宽0.25米、高0.29米,中空、壁薄,外表镂有菱形花纹。由于砖是空心的,叩之磬然有声,可使琴声因共鸣而更悠扬动听,故明清时还用来搁置古琴,称之为"琴砖"。

馆内藏有苏州陆墓等地明清时御窑烧造的各类金砖。而当代锦溪人用老祖宗留下的手艺烧造的金砖,则让锦溪砖瓦生产的辉煌历史穿越了时空。

金砖是铺设于皇宫地墁的方砖。经选土、练泥、澄浆、制坯、阴干、入窑烧制等20多道工序加工制成。烧制时间达130天,出窑后要用铜油浸一百天,有"千年不毁"之说。

2. 古董馆。

位于众安桥西堍南侧,展厅面积1500平方米,有历代古玩19大类,藏品4500余件。有"华东第一馆"之称。

底楼为漆器、木雕、明清家具展品。藏有古老斑驳的宋代马车,清代的娶亲花轿,具有皱、瘦、透、漏特点的奇香扑鼻的檀香木半化石。二楼有古钟、盘碗、紫砂、书画、玉器、古钱币等展室。三楼为砚石、烟具、根雕、花瓶、人物等展室。

馆中还陈列着自先秦至今3000年间的历代水盂、笔筒、笔洗、笔架800件;高龄、人物室中,集聚了南北朝青花原始瓷猛兽尊、南北朝鸡首壶、北魏石佛、唐三彩仕女像等珍品。

馆中展品均是由苏州民间收藏家薛仁生收藏的。薛老和他父亲将一生的心血、全部家财,化作了数千件古董精品,为锦溪这个千年古镇平添了一道亮丽风景。

3. 锦溪壶文化馆。

位于上塘街南段,展厅面积900平方米,馆中藏有出自国内工艺美术大师的数百件壶具经典作品。

底楼为古今名壶综合展,有陶壶、瓷壶、铜壶、皮壶,其中汉代的陶质黄釉童子壶,宋代军队士兵用于取水的工具——韩瓶等颇为珍贵。而明代时大彬的提梁壶,体量高大、设计独到、技法精湛,堪称"镇馆之宝"。

二楼是清一色的紫砂精品,除各类壶具外,还有弥勒、关公、仕女等人物乃至虾虫鸟兽等动物造型。其中的微雕作品,笔法细腻、神态逼真、栩栩如生,配上别出心裁的"名字",令人叫绝。

4. 《金石人家》篆刻艺术馆。

位于锦溪街一座典型的明清四合院内,展厅面积170平方米。由已故锦溪书画篆刻艺术爱好者唐志寅创办,内辟筛竹轩、翰墨楼、味石斋、思悟堂四个展室。

馆内展品全面展示了作者的刻字风格。其中《九龙竹刻》、《树皮山水》造型新颖,自成一格;《锦溪春晓》、《普庆夏荷》、《南塘秋月》等,以古砖为材,采用平面线刻,展现了锦溪古桥之倩影。

5. 《柿园》书画艺术馆。

位于德求堂——锦溪籍近代著名画家、围棋国手陆曙轮故居内,展厅面积300平方米,由已故老人陆曙轮的次子、具有"德艺双馨"艺术家称号的著名书法家陆家衡开设。

馆藏书画作品总量220件(套)。其中有陆曙轮30年代创作的《秋山萧寺图》等作品16幅,著名碑帖考据学家翁闿运、湖南省书协主席巴根汝、吴门大家沙乃翁等的书画作品,陆家衡书画佳作20余幅。

6. 张省美术馆。

位于普庆桥西堍。展厅面积300平方米。馆内310余幅墨宝、丹青全部由馆主张省捐赠。

一楼展厅主要介绍张省的从艺历程和向刘海粟等书画大师学艺的图片资料和他30年来各个时期的水墨、素描等书画作品,以及出版的各类画集。

二楼展厅主要展示刘海粟、钱君匋、陈大羽、张继馨大师的部分佳作精品,张省创作的部分国画长卷。

张省,锦溪人。刘海粟艺术研究会会长,国家一级美术师。出版著作30余种。其画作《渔舟晨曲图》《春来江水绿如蓝》曾由香港政府选用,作为礼品赠送给时任美国总统的克林顿。

7. 锦溪杰出人物馆。

位于下塘街中段。展厅面积200平方米。展示了近代锦溪110多位科技、文化人物的照片及文字介绍。其中有我国著名天文学家朱文鑫,农业微生物科学的奠基人之一、已故中科院资深院士陈华癸,半导体材料物理专家、北京大学教授、博士生导师、中科院院士秦国刚等。

馆内另设有"现代荆轲"之称的清华英烈陈三才烈士的纪念馆。匾额由时年93岁的著名学者费孝通题写。陈三才,名定达。曾留学美国。回国后在上海工作。抗战全面爆发后秘密参加抗日地下工作,图谋刺杀大汉奸汪精卫,因事泄而被捕,蒙难于南京雨花台,时年仅39岁。

8. 锦溪宣卷艺术馆。

位于金龙花园内,分展示室、表演室两大功能区。展示室简要介绍了江浙沪宣卷的起源、发展历史。表演室定期邀请镇内的宣卷艺人表演节目。

宣卷始于宋元时期,是曲艺的一个类别。清末出现专业艺人。常在庙会、婚礼、祝寿、安宅、乔迁、婴儿满月等喜庆礼仪上亮相。"锦溪宣卷"属"丝弦宣卷",用锦溪话说唱,用二胡、扬琴、木鱼、引磬、碰铃等乐器伴奏,表演惟妙惟肖,极具草根特色。

2014年"锦溪宣卷"作为"吴地宝卷"之一联合申报国家级非遗保护项目并获批,王丽娟被认定为江苏省级非物质文化遗产代表性传承人。

走入馆中,能了解宣卷艺术的来龙去脉,聆听一曲曲带有地域特色的天籁之音,感受民俗文化的生命律动。

图28　锦溪宣卷

图29　锦溪籍天文学家朱文鑫像

三、学生活动

学生在参观时,可观览沿街风光,特别是一座座别具风格的古桥;在导游的引导下体会锦溪的桥文化,并将精彩的画面拍摄下来。

四、活动小结

小结活动情况,包括参观纪律、参观内容等。由学生讲述留给自己印象最深的事情或者最喜欢的藏品以及对这一藏品价值的了解情况。

五、拓展提升

教师提示:其实,锦溪的老街本身就是一个民间博物馆。在这个"馆"里,家具、农具、木雕、古玩、书画、刺绣、草鞋无所不有;木作、圆作、竹业、铁业、邮局包罗万象,到处洋溢着民俗文化的浓重气息!

活动拓展:关心身边的民俗文化、传统工艺,把自己对这些东西的认识写进日记或博客里。

六、活动反思

旅游,即旅行游览。"旅"是旅行、外出,即为了实现某一目的而在空间上从甲地到乙地的行进过程;"游"是外出游览、观光、娱乐,即为达到这些目的所做的旅行。

成人旅游,往往是为了放松一下心情、释放一些生活或者工作上的压力。因此,以游山玩水为主要手段。当然也有消遣性质的,以修身养性为主要目的。

中小学学生同样也可以旅游,但方式和目的并不完全一样。由教育部门组织的学生旅游,是综合实践活动的一项不可或缺的内容,它可以拓宽学生的知识视野,给学生带来课堂教学无法完成的体验。

因此,借用旅游这种"通俗"方式来开展中小学生的综合实践活动,一定要有一个鲜明的主题、一个科学的设计、一个正确的导向,要严防变味为一种成人式的观光、休闲。

当然,旅游也有其自身的特质,如果一味地强调实践,忽视了旅游这个"教学环境",把学生活跃的思想禁锢起来,而不是将教育不留痕迹地寓于旅游之中,为完成某一教学目的去"说教",也就失去活动设计的全部价值。

七、教师摄影作品选

图30　普庆桥

图31　太平桥

图32　文昌阁周边的秀丽风光

图33　莲池禅院水码头

单个军人徒手队列动作训练

年　　　级：初中二年级
方案设计者：彭加威

教学目的

通过单个军人徒手队列动作训练，学生能熟练掌握队列动作的要领，养成良好的作风和严整的军容。

培养学生吃苦耐劳的精神，树立战胜困难、战胜自我的意志力，为以后的学习和生活打下坚实的基础。

教学方法

采用理论提示、讲解示范、组织练习相结合的方法开展活动。由教官实施教学和训练。

训练要求

1. 坚决执行命令，做到令行禁止。
2. 姿态端正，军容严整，精神振作，严肃认真。
3. 按照规定位置列队，集中精力听指挥，动作迅速、准确、协调一致。
4. 保持队列整齐，出、入列应当打报告，并经允许。
5. 认真听讲、互帮互学、共同提高。

教学内容

① 稍息、立正。② 跨立、立正。③ 停止间转发。④ 蹲下与起立。⑤ 行进与立正。⑥ 敬礼礼毕。⑦ 长口令。

教学过程

一、分解动作演示、练习

（一）立正、稍息

1. 理论提示：立正是军人的基本姿势，是队列动作的基础。军人在宣誓、接受命令、进见首长和向首长报告、回答首长问话、升降国旗和军旗、奏国歌和军歌等严肃庄重的时机和场合，均应自行立正。

2. 口令讲解："立——正"、"稍——息"。

3. 动作示范：为了给学生一个直观的动作印象，首先给他们做一下动作示范，包括正面与侧面。（边下口令边做示范动作）

4. 动作要领讲解：听到"立——正"的口令后，两脚跟靠拢并齐，两脚尖向外分开约60度；两腿挺直，小腹微收，自然挺胸；上体正直，微向前倾；两肩要平，稍向后张；两臂下垂自然伸直，手指并拢自然微曲，拇指尖贴于食指第二节，中指贴于裤缝；头要正，颈要直，口要闭，下颌微收，两眼向前平视。（边讲解边示范，立正、稍息应从下向上讲解）

听到"稍——息"的口令后，左脚顺脚尖方向伸出约全脚的三分之二，两腿自然伸直，上体保持立正姿势，身体重心大部分落于右脚，稍息之后，可自行换脚。

5. 指出稍息注意事项：① 出脚方向不准。纠正时可先画出脚的方向线，反复练习。② 出脚时弯腿。纠正时强调两腿自然伸直，出脚腿膝盖向后压，脚跟不要抬得过高，绷脚面，脚尖稍用力。③ 出脚时身体重心过度前移、收脚时身体上窜耸肩。纠正时强调体重大部分落于右脚，收脚时腿部肌肉紧张有力，控制好上体不动。

6. 学生按口令反复练习。

（二）跨立、立正

1. 理论提示：跨立主要用于军体操、执勤和舰艇上分区列队等场合，可以与立正互换。

2. 口令讲解："跨——立"、"立——正"。

3. 动作示范：为了给学生一个直观的动作印象，首先给他们做一下动作示范，包括正面与背面。（边下口令边做示范动作）

4. 动作要领讲解：听到"跨——立"的口令后，左脚向左跨出约一脚长，两腿挺直，上体保持立正姿势，身体重心落于两脚之间。两手后背，左手握右手腕，拇指根部与外腰带下沿同高；右手手指并拢、自然弯曲，手心向后。（边讲解边示范，跨立应从下向上讲解）

5. 学生按口令反复练习。

（三）停止间转发

1. 理论提示：停止间转发是停止间变换方向的方法，分为向左转、向右转和向后转，需要时也可半面向左转或者半面向右转。

2. 口令讲解："向右——转"、"向左——转"、"向后——转"、"半面向右——转"、"半面向左——转"。

3. 动作示范：为了给学生一个直观的动作印象，首先给他们做一下动作示范。（边下口令边做示范动作）

4. 动作要领讲解：听到"向右（左）——转"的口令时，以右（左）脚跟为轴，右（左）脚跟和左（右）脚掌前部同时用力，使身体协调一致向右（左）转90度，体重落在右（左）脚，左（右）脚取捷径迅速靠拢右（左）脚，成立正姿势。（边讲解边示范，停止间转发应以向右转为列进行讲解）

5. 指出稍息注意事项：转动和靠脚时，两腿挺直，上体保持立正姿势；向后转，按照向右转的要领向后转180度。转动和靠脚时，两腿挺直，上体保持立正姿势；半面向右（左）转，按照向右（左）的要领转45度。转动和靠脚时，两腿挺直，上体保持立正姿势。

6. 学生按口令反复练习。

（四）蹲下与起立

1. 理论提示：蹲下、起立主要用于授课和操练后休息。

2. 口令讲解："蹲——下"、"起——立"。

3. 动作示范：为了给学生一个直观的动作印象，首先给他们做一下动作示范。（边下口令边做示范动作，正面和右侧面各一次）

4. 动作要领讲解：听到"蹲——下"的口令时，右脚后退半步（约一脚长），前脚掌着地，身体迅速蹲下，臀部坐在右脚跟上（膝盖不着地），两腿分开约60度，手指自然并拢放在两膝上，上体保持正直。蹲下过久，可以自行换脚；听到"起——立"的口令后，全身协力迅速起立，右脚靠拢左脚，成立正

姿势。(边讲解边示范)

5. 学生按口令反复练习。

(五) 行进与立正

1. 理论提示:齐步是军人的常用步法,一般用于队列的整齐行进。

2. 口令讲解:"齐步——走"、"立——定"。

3. 动作示范:为了给学生一个直观的动作印象,首先给他们做一下动作示范。(边下口令边做示范动作,正面和侧面各一次)

4. 动作要领讲解(边讲解边示范;齐步与立定讲解示范时应距离队伍适当位置,从队伍左上角面向队伍45度,采用"七步教学法"进行讲解):

第一、二步:听到"齐步——走"的口令时,(第一步)左脚向正前方迈出约75厘米,按照先脚跟后脚掌的顺序着地,同时身体重心前移,右脚照此法动作(第二步);上体正直,微向前倾;手指轻轻握拢,拇指贴于食指第二节。

第三、四步:两臂前后自然摆动(走两步),向前摆臂时,肘部弯曲,小臂自然向里合,手心向内稍向下,拇指根部对正衣扣线,并与最下方衣扣同高(着夏季作训服时,与第四衣扣同高;着冬季作训服时,与第五衣扣同高),离身体约25厘米;向后摆臂时,手臂自然伸直,手腕前侧距裤缝线约30厘米。行进速度每分钟116~122步。

第五、六步:听到"立——定"的口令,齐步立定(边下口令边走两步)。(首先介绍口令,齐步立定口令"立"字一般下于左脚,"定"字一般下于右脚)

第七步:左脚向前大半步着地(脚尖向外约30度),两腿挺直,右脚取捷径迅速靠拢左脚,成立正姿势。

5. 学生按口令反复练习。

(六) 敬礼、礼毕

1. 理论提示:敬礼是军人相互团结友爱的体现,表示部属与首长、下级与上级之间的相互尊重,军人必须有礼节。部属或下级遇到、面见首长或上级应当敬礼,首长或上级应当还礼。同事间因事相互接触时应当相互敬礼。敬礼分为举手礼、注目礼、举枪礼;根据部队实际应用,主要进行举手礼训练。

2. 口令讲解:"敬——礼"、"礼——毕"。

3. 动作示范:为了给学生一个直观的动作印象,首先给他们做一下动

作示范。(边下口令边做示范动作,半面向左转进行示范)

4. 动作要领讲解:听到"敬——礼"的口令后,上体正直,右手取捷径迅速抬起,五指并拢自然伸直,中指微接帽檐右角前约2厘米处(戴无檐帽或者不戴军帽时微接太阳穴,与眉同高),手心向下,微向外张(约20度),手腕不得弯曲,右大臂略平,与两肩略成一线,同时注视受礼者。听到"礼——毕"的口令后,将手取捷径放下,成立正姿势。(边讲解边示范)

5. 学生按口令反复练习。

(七) 长口令

1. 理论提示:长口令是军人一般踏步、起步、跑步的一种步伐口令。

2. 口令讲解:"1—2 长口令"。

3. 动作示范:为了给学生一个直观的动作印象,首先给他们做一下动作示范。

4. 动作要领讲解:长口令由三个一二三四分不同的节奏喊出来,听到"1—2 长口令"口令时由左脚1开始喊出 1—2—3—4—12—34—123—4,左脚一右脚空,左脚二右脚空,左脚三右脚空,左脚四右脚空,接着左脚一右脚二,左脚空右脚空,左脚三右脚四,左脚空右脚空,接着左脚一,右脚二,左脚三,右脚空,左脚四。(边讲解边示范)

(注"—"表示空)

5. 学生按口令反复练习。

二、教学讲评

训练科目结束时,班长应进行作业讲评。作业讲评是对整个训练科目的概括和深化,是对训练作风和训练质量的评估。

主要内容是:重述训练科目、目的、训练问题(内容)、方法;正确评价训练效果,总结经验,讲优缺点,表扬好人好事;解答学生提出的问题,阐述有关理论等。

讲评方法通常有:班长直接讲评或先评教、评学,然后由班长进行归纳、讲评。

归纳、讲评重点:① 重述科目、目的、内容。② 总结训练效果,表扬好人好事,结合实际指出存在的不足。③ 指出存在的问题和克服的方法以及今后努力的方向。

三、活动实录

图 34～37　活动留影

陶艺一（泥塑）

年　　　级：小学五年级

方案设计者：徐真卿

设计思想

将陶艺和泥塑相结合，淡化艺术的专业性。通过制作，锻炼学生的动手能力、空间思维能力。

制陶是人类文明的起源，中国是陶瓷古国。充分利用丰富的资源，增添陶艺教学的人文性。

学情分析

小学五年级学生有着较丰富的想象力，具有一定的道德修养和艺术修养，这是工艺美术的关键。玩泥巴是孩子的天性，只要教师指导得当，就能让学生学有所得。

活动目标

情感目标　让学生了解泥的特性和制作方法，并通过制作，产生热爱自然、珍爱生命的感情。

能力目标　提高学生的动手能力、空间思维能力和想象能力。激发学生的创造潜能，培养他们的创新意识、创新精神、创新能力。

认知目标　通过泥塑熊猫制作，激发学生探究知识的兴趣，使他们体验成功、培养修养、陶冶情操，增强环保意识。

重点难点

重点　使学生掌握陶艺制作的流程，学会简单的陶艺制作。

难点 让学生掌握泥的特性,认识烧制过程中的物理变化。

活动准备

材料 泥巴、泥浆350~400克、教师样品。
工具 泥捶、刻刀、手动转台、竹制泥刀、制陶用叉、划子。

安全事项

① 泥捶:手握泥捶(木制),拍打泥土用,不得相互锤击。② 竹制泥刀:用来修理划制、切削。头尖,不宜乱划乱刺。③ 制陶用叉:一头带铁较锋利,用来划制所需泥片,并作圆规用,不能敲击对方。④ 刻刀:刻字、画落款时用。刻刀非常锐利。小心伤及手脚,切忌乱舞乱画乱划,以免伤及对方。⑤ 手动转台:以方便制作。小心搬动,以免落地砸伤。⑥ 划子:修理用工具,头微尖,虽不锋利,但用力过大会伤人,须注意。

活动过程

一、教师活动

[展示]展示教师先前制作好的样本。让学生初步了解熊猫的形态和习性,欣赏动物的可爱、大自然的美丽。导入活动,创设氛围。

[讲解]概要介绍陶文化。

内容:5000年前的远古陶文化,17世纪欧洲红陶文化,现代陶艺,陶艺与人文环境,泥巴的特性。

[讲解]简述熊猫的特点(出示熊猫图片,图38)。

熊猫是国宝,也是人类最喜欢的动物之一。熊猫的体色为黑白相间,有着圆圆的脸颊,大大的黑眼圈,胖嘟嘟的身体,标志性的内八字行走方式,也有解剖刀般锋利的爪子,显得特别可爱。

【提问】① 熊猫属于几级保护动物? ② 熊猫生活在什么地方?喜爱怎样的自然环境? ③ 熊猫现在的处境怎样? ④ 如何保护熊猫的生长环境?

【师生探讨】

明确:熊猫属于中国国家一级保护动物。栖于中国长江上游的高山深

图 38 熊猫

谷,为东南季风的迎风面,气候温凉潮湿,其湿度常在 80% 以上,是一种喜湿性动物。

熊猫每天除去一半进食的时间,剩下的一半时间多数是在睡梦中度过。熊猫的主食是竹子,也爱饮水。平躺、侧躺、俯卧、伸展或蜷成一团都是其喜好的睡觉方式。

由于外界环境的恶化,加上自身生育繁殖能力方面的问题,熊猫在几百万年间由盛而衰,至今已到了濒临灭绝的境地。保护熊猫的生长环境已刻不容缓。

【引入】 今天我们就用陶泥来制作一个憨态可掬的小熊猫(图 39)。

【演示】 取泥示范:先把泥捏成团。用手指把泥团捏制成一个胖乎乎的圆柱体(熊猫是胖乎乎的)。

提示:捏的时间不能长,不能反复捏制,以防破坏泥的结构特性。

图 39 陶泥小熊猫

接着按照如下方法制作:

① 用手指或工具做出脖子。泥不要乱丢,以备后用。

② 用竹子做的工具划出前腿和后腿的部位。

③ 用刀子挑出前腿和后腿。

④ 用手指捏出头部、面部。画出眼睛,做上嘴巴、鼻子、耳朵。

⑤ 做出前腿、后腿。动作可以由学生自己来选择,后腿要相对粗些。

【拓展】 在你的脑海中还有哪些印象深刻的动物?不妨按照以上方法,发挥你的想象,创作一下。

【演示】 陶泥熊猫的另一种制作方法。

示范:取出部分泥留着做手、脚。先做头部、躯干,粘上泥浆组合在一起(注意前肢、后肢的位置)。

组装一个错的让学生观察,指出错在何处。选一个学生做一下,这样学生在制作过程中最易察觉。

二、学生活动

学生制作作品。教师巡回、指导。

提示:制作时要静,宁静而致远,静才能思考;可小声商讨。工艺制作的要点是静心、细心、耐心、恒心。最重要的是个性和创意。捏制时要认真观察和思考,不能随意而作。

指导:提醒学生可用几种方法制作。辅导他们掌握黏结时泥浆的处理和工具的使用方法、技巧。特别辅导有创意的学生,帮助他们获得成功、体验成功。

三、活动小结

学生发言:作品优秀者发表体会,总结经验。没有成功者发表体会,总结原因。

教师评价:在学生总结的基础上教师进行小结、评价。

四、整理教室

收集成功作品,回收不成功作品。清理回拢泥巴。按小组清理工作台和地面。清洗和清点工具,并归放到原来的位置。

陶艺二（拓制）

年　　　级：初中二年级
方案设计者：徐真卿　许　琳

设计思想

陶艺课符合陶行知先生的"做就是教"的要求，能激发学生的学习兴趣，提高学生的审美能力、空间思维能力、创造能力、毅力和创新精神。

陶艺课能提高学生的动手能力，让学生认识劳动、热爱劳动，认知劳动成果的来之不易，从而在劳动中提高修养、陶冶情操，增进对劳动人民的感情。

学情分析

初中二年级学生在身体力行方面较强，具有一定程度的想象力、知识及艺术道德修养，这是工艺美术的必备因素。但由于这一年龄段也是孩子们思想波动的一个阶段，因此要耐心、细致地组织活动。

活动目标

情感目标　使学生了解陶泥的特征，对陶艺制作（劳动）产生浓厚的兴趣，产生对知识的追求欲望。

能力目标　淡化艺术的专业性，提高学生的动手能力、空间思维能力，将所学的知识充分运用到劳动制作中来。

认知目标　使学生激发兴趣、体验成功，培养学生修养，陶冶学生情操。

重点难点

重点 让学生掌握陶艺制作的流程,了解陶艺的物理性质。

难点 让学生正确地使用工具和设计具有创新特点的图样。

活动准备

材料 陶泥(大约400g~450g)、教师及学生样品。

工具 手动转盘、木槌、竹制刮片、划刀、毛巾等。

安全事项

① 木槌:虽系木制,但硬度大且重。如果随意进行操作,易伤及他人,也会损坏工具、模具。② 竹制刮片:竹制泥刀用来切、划陶泥,其头部虽不硬但尖锐,切忌乱画乱舞乱划,以免伤及对方。③ 划刀:带有铁片,用于划陶泥。使用时要小心,不能向着他人的手或脸部。④ 手动转盘:重量较轻,搬动时需要用双手,以免落地伤及自身或他人。制作时要有合作精神,不争先恐后,互相帮助完成作品,使用工具时要轻拿轻放。

活动过程

一、导入活动

1. 教师概要叙述陶文化和陶泥的特性。

陶器是用陶土制作成型后烧制而成的器皿。早在原始社会时期,人类就开始制作并使用陶器。

刚开始,陶器的造型简单,仅仅用于生活。随着长期经验的积累,制作技术越来越成熟,人们便不满足于简单的需求,陶器上出现了花纹和装饰。

陶器不仅有实用价值,还有艺术审美价值;除了当作日常用具,还可以供人欣赏或收藏。

2. 教师简单讲解陶泥烧制过程。

3. 师生互动,导入陶碗制作。

教师提问：你们知道我们身边有哪些碗的造型吗？

学生回答后，老师导入：那我们就来用模具制作属于自己的陶碗吧。

二、教师活动

一边介绍陶碗的制作方法，一边制作示范。

1. 讲解石膏模具的性质和特点。

2. 用木槌捶陶泥时，注意低、轻、平、密，使陶泥慢慢变长、变薄，达到一定的长度和厚度。

3. 按照模具的周长和高度，用工具根据弧长公式划出弧形的泥片作为陶碗的身体。将剩下来的泥合起来捶打成底片，放在毛巾上保持水分备用。

4. 把捶好的泥片围合成型后放入模具中。

5. 用手指指腹拓制陶泥，使其贴合模具。

6. 加入底部的泥片，用手指压紧，然后用带有弯头的工具压出碗的底部。

7. 用吹、晒、吸、震动的方法将陶碗从模具中取出。

8. 用专业的工具对陶碗进行修理，使之平整、光滑、没有裂缝。

9. 可在陶碗上刻、画、贴、雕，并写上姓名、年月等，留作纪念。

三、学生活动

学生制作作品。教师巡回指导，并提醒注意捶泥的方法、工具的使用方法和危险性。

教师提醒注意：

1. 制作时一定要保持安静，可小声商讨。制作的要点是：静心、细心、耐心、恒心。要认真观察和思考，思考如何运用工具画出所要的弧度，不能随意进行制作。

2. 使用工具、模具时，一定要有团队合作意识，互帮互助，互教互学。在学习中获得心得，在劳动中体验成功，更好地享受陶艺制作的快乐、劳动成果的喜悦。

辅助一些有创意、有独特见解的学生，以便发挥他们的特长，制作出有创新意识的作品。

图 40~45 制作步骤图解

四、活动小结

1. 展示成果,交流评价,请学生代表谈谈体会。

2. 教师总结:指出学生制作过程中的优缺点,在学生总结的基础上,教师进行小结、评价。

五、整理教室

清理回拢剩余的陶泥。按小组清理工作台和地面。清洗整理工具,并归到原位。

六、课后拓展

认识并尝试其他的陶艺制作方法。如泥条成型、捏制成型、拉坯成型等。

七、课后随感

1. 陶艺课是一门真正的寓教于乐的课程,既能促进动手、动脑能力的培养,又让学生在娱乐中了解悠久的陶艺文化、历史和制作工艺,激发学生对传统工艺的热爱和利用"泥巴"再现生活的热情。

2. 开展陶艺课教学,就是要从生活中、游戏中去满足孩子的快乐;让学生在活动中加深对陶的认识,对立体雕塑的理解,激发他们的创造能力。

3. 陶泥因为具有可塑性,所以对学生有着很强的吸引力。学生在制作陶艺过程中有一种"玩泥"的感觉。他们天真无邪、无忧无虑的天性也会从中得到充分体现,创造美和欣赏美的意识会在不知不觉中提升。

4. 陶艺制作需要发挥想象力,但如果任由学生随意发挥,有时会产生有过程而无结果的现象。教师必须因势利导地开展教学,让学生克服急躁、急于求成的心理,从而取得成功的喜悦。这样,就在陶艺过程中培养了学生细心和耐心的品质。

八、课堂实录

图46　从头开始

图47　要细致、耐心

图48　有点像了

图49　"我这个杯子怎么样"

做五彩香包

年　　　级：小学五年级
方案设计者：俞　莺

设计思想

以培养创新精神和实践能力为重点,培养学生的动手操作能力,并把家乡的浓厚风情带到实践活动中。以传统文化为背景,将传统习俗与制作技艺相结合,让学生动手制作五彩香包,并了解香包的由来和作用。

学情分析

小学生对中国传统文化知之甚少,让学生了解五彩香包的相关知识,可培养他们热爱祖国、热爱家乡的感情,感受传统文化的魅力。同时,香包制作也可使学生感受浓浓的生活气息。

活动目标

情感目标　在活动过程中,体现中国民俗文化和家乡的特色文化,展示江南生活风情。让学生感受浓厚的生活气息和高尚的生活情趣。

能力目标　让学生知道做五彩香包的步骤和需要的材料,学会香包的制作方法。同时培养他们的创新能力。

认知目标　香包是古代汉族劳动妇女创造的一种民间刺绣工艺品。让学生动手做香包,亲身感受到传统饰品之美、传统文化之美。

重点难点

重点　让学生了解五彩香包的制作过程,学会制作方法,做出新颖别致的五彩香包。

难点 让学生掌握香包的制作技艺,学会装饰香包、装点生活。

活动准备

材料 长条纸板、即时贴彩纸、流苏、彩线。
工具 剪刀、双面胶、美工刀。

注意事项

① 制作过程中,避免争抢剪刀,导致戳伤。② 剪纸板时,小心剪伤。③ 用完剪刀,把剪刀放回盒子里,不允许玩弄。

活动过程

一、导入活动

教师通过展示相关的作品(图50)和以前所教学生做的香包(图51),为教学活动创设情境。

图50 香包

图51 学生做的香包

二、师生活动

1. 教师简介香包的概念。

香包从狭义讲,是指里面填充丁香、雄黄、艾叶末、冰片、藿香、苍术等具有芳香除湿功效的中药材粉末,外表绣以各种图案的实体造型工艺品。

2. 师生探究香包的由来。

相传,屈原投江时正是夏天,蚊虫四飞,民众唯恐屈原遗体被叮咬,纷纷点燃艾草,以烟熏虫。后来有人建议,何不以布包檀香代之?人们就用线缝好香包后,再串以布绳,挂在颈间,蚊虫就不敢接近了。

3. 教师介绍香包制作。

(1) 贴纸：选择喜欢的彩纸，及时将彩纸贴在宽 4 厘米、长 30 厘米的长条形硬纸上。

(2) 折纸：将宽 4 厘米、长 30 厘米的长条形硬纸折成对三角，然后对折。这样在手上的始终是一个三角形。可在长方形上面显示 14 个三角形，如图 52 所示。注意都向一面折，然后全部打开。

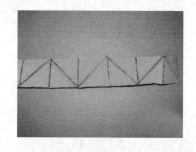

图 52　折纸

(3) 折六面体：把一边顺着这个长方形长边卷，这些三角形就自动形成了一个立体的六面体，将最后面的一角剪成三角形塞入边缝中，如图 53 所示。如果要做香的，可以在折第一层时将棉花裹着香药，放在里面。

图 53　折六面体

(4) 穿线：选择彩色线用针穿好，穿过六面体上下两端，留下较短的线头，不要剪断，按照图 54 所示。

(5) 装流苏：在香包上装上流苏，还可以装个小铃铛、小珠子等使香包更美丽。

4. 学生制作香包。

图 54　穿线

学生跟着教师的示范实践操作。教师做巡回指导，要求学生发挥自己的聪明才智，做一个有棱有廓、五彩斑斓的香包，或者是一个富有创意的五彩香包。

5. 交流评比及整理。

由师生共同评比，评出优秀作品。教师对作品做简要的评价，选出 2～3 名做得好的学生进行表扬。

整理制作工具和实践成果（指定学生完成，包括洗、擦、整理干净）。

三、活动小结

教师小结制作过程和收获，评价活动情况（根据教学和制作情况分析评价）。

四、活动延伸

课外在民间做社会调查，了解与香包相关的民间习俗。

相关提示：

农历的五月初五，家家户户都要过端午节，最富于静态美和温馨气息的莫过于制作和佩戴香包。人们把具有杀菌作用的雄黄、艾草、菖蒲研成粉末，用布包起来戴在胸前，利用它散发出来的香气，使夏天的虫菌不来侵扰。

有些地方还有新娘赠送亲友香包的习俗，认为新娘子带有喜气，由她亲手做的香包更能祛邪解毒，所以在新婚第一年的端午节，新嫁娘必须缝制香包分送亲友。

五、成果展示

图55　学生作品(1)

图56　学生作品(2)

苏州制扇

年　　级：小学五年级
方案设计者：谢承斌

设计思想

扇子在我国有着悠久的历史,苏州的"制扇技艺"已被列为国家级非物质文化遗产。

随着物质生活的日益丰富,电扇、空调已经走进千家万户,传统的纸扇已慢慢淡出人们的生活。

通过动手实践制作扇子,让学生重新认识这一已离我们渐渐远去的传统工艺。

学情分析

炎炎夏日里,学生在生活中经常用到扇子,也经常使用自己手折的纸扇来驱除炎热,但对竹骨纸扇的制作往往缺乏认识。

扇子的制作,不仅可以让学生领略到悠久的历史文化,也能锻炼学生的动手能力,提高学生的艺术欣赏能力。

活动目标

情感目标　激发学生热爱中国传统工艺和热爱生活的情感。引导学生接近非物质文化遗产。

能力目标　通过一把简单、美观的扇子制作,锻炼学生的动手能力,提高他们的艺术欣赏水平。

认知目标　让学生学习和了解有关扇子的文化习俗、种类及欣赏价值。

重点难点

重点　让学生掌握扇子的制作过程,学会制作简单的扇子,同时接受传统文化教育。

难点　让学生探究扇子的构思设计,加深对非物质文化遗产的了解。

活动准备

材料　现成扇骨、较硬的白纸。

工具　水彩笔、双面胶、剪刀、铅笔、橡皮、直尺、量角器。

安全事项

① 禁止用剪刀、扇骨嬉戏。② 用完剪刀后及时放入工具箱。③ 严禁用铅笔打闹。④ 防止所用颜料误入口、鼻、眼。

活动过程

一、结合生活,导入课程教学

扇子是炎炎夏日里降暑的传统用具。生活中可以见到各种类型的扇子,如纸扇、折扇、蒲扇、团扇、羽毛扇等。

扇子不仅广泛地存在于日常生活中,还是一些相声演员、说书先生、宣卷艺人等手里不可缺少的道具。

二、欣赏图片,介绍扇子文化

扇子已有3000多年历史。我国历来被誉为"制扇王国"。经数千年演变、完善和改进,扇子的类型已发展为数百种。

扇子最早出现在殷代,用五光十色的野鸡毛制成,称之为"障扇"(图57),故"扇"字里有个"羽"字。当时,扇子不是用来扇风取凉的,而是为帝王外出巡视时遮阳挡风避沙之用。西汉以后,扇子才开始

图57　障扇

用来取凉。

在扇子上题诗作画,第一次出现于三国时期。《晋书·王羲之传》有一则王羲之为老妇题扇的佳话。当时有位老母,"持六角竹扇,求书于王羲之",而"羲之为书五字"。售出时,此扇便由十二文涨至百文。今浙江绍兴山南边有个"题扇桥",相传便是王羲之的题扇处。

在苏州,制扇的历史也非常悠久。南宋时苏州便有人自制折扇,明代宣德年间始设作坊生产。清代顺治年间,苏扇成为皇家贡品,制扇业开始兴盛。苏州又是檀香扇(图58)的发源地,所制檀香扇,散发出天然的香味。扇面绘上山水花鸟景色,休闲雅致。

图58 檀香扇

三、演示过程,探究制作方法

1. 熟悉工具与材料。

先熟悉制作中所涉及的工具与材料,并知晓使用方法。

(1)教师活动:演示给学生看。

① 剪扇面。用剪刀沿着预先画好的线裁剪。

② 折叠。讲解折叠方法。强调应该注意的地方,比如沿线折叠等。

(2)学生活动:听教师讲解,看教师演示,按照教师要求进行裁剪、折叠。注意折叠时一定要细致,不能出现偏差。

2. 设计与制作扇面。

(1)教师活动:教师画出图案,题上书法,进行个性设计。

(2)学生活动:在教师的巡回指导下进行制作。

3. 扇面与扇骨的组合。

（1）教师活动：讲解、演示如何把扇面粘贴（组合）在扇骨上。

（2）要点提示：

① 组合时不要把扇面粘在同一侧面的扇骨上，要保证扇子在合起来时整个扇面在扇子里面。

② 然后把扇骨中的小档按照一定的间隔顺序排列好，并把它们固定。

③ 将所有最外面的扇骨进行折叠，再间隔着与小档粘贴。

（3）学生活动：在教师巡回指导下进行制作。教师巡回指导，解决学生制作过程中出现的问题。

提示学生：制作时有不理解的地方可以寻求老师帮助，还可请教同学，或相互商量，共同完成制作。

4. 作品成型。

等这一切都完成后，将扇子折合成型。如果顺利，则作品完成；反之，寻找原因，进行修改。

四、小结、展示、评奖

对学生的作品进行展示，并做评价。教师对本堂课做总结。

五、活动随感

扇子是中国人的传统降暑工具，由于科技的发展，"扇子的功能逐渐丰富"，苏州制扇也已成为非物质文化遗产。作为苏州人，尤其是中小学生，应该了解属于自己的地方文化。通过扇子的制作，不仅可锻炼学生的动手能力，还可使学生亲身感受苏州文化遗产的魅力。

六、课堂实录

图59 好像有点问题

图60 还不错吧

彩 泥 画

年　　　级：小学五年级
方案设计者：胡　平

设计思想

彩泥画是一种具有浮雕效果的独特画种,不仅能用笔画培养美感,还能通过对作画工具的操作,发展学生的左右手协调能力,从而开发学生的智力;由于彩泥画的制作比较细致,又可以提高学生的认知水平和认知能力。

活动的总体思路是:初步感知,培养兴趣,发展能力,兼顾创新。在内容的选择上贯穿一个主题,那就是后奥运思想的延续:学习奥运精神,争做好学生。

在教学方法上,通过导入阶段的"看一看、摸一摸"和活动阶段的"学一学、练一练",使学生实现从认知到技能掌握到情意熏陶的发展。

学情分析

手工制作是一种创造性活动,学生比较喜欢,并且都有一定的基础。尽管是第一次认识彩泥画,但制作彩泥画的步骤明确、操作简单,学生能很快地掌握基本方法。彩泥画制作比较细致,有利于学生的能力培养和情感互动。

活动目标

情感目标　培养学生耐心细致的意志品质;以培养学生的审美情趣为基础,渗透爱国主义教育。

能力目标　通过制作活动,培养学生的动手操作能力和创新能力。

认知目标 通过初步感知彩泥画的特征,让学生学会作画的初步方法,能根据自己的爱好完成一幅主题作品的制作。

重点难点

重点 让学生掌握制作的基本步骤,发展实践能力,在完成作品制作的同时培养审美情趣。

难点 使学生耐心、细致地完成作品制作,培养良好的意志品质。

活动准备

材料、工具 镊子、牙签、底稿、复写纸、铅笔、铁夹、油画笔、颜料盒、毛笔、抹布、水桶、12色彩泥、三合板(13×18)、相框(备用)、黑色签字笔、广告色、901纯胶水(调和过干的彩泥用)。

其他准备 在指导小学低年级学生活动时,教师可以先提供样稿。

安全事项

① 在制作过程中,要特别注意镊子和牙签的安全使用。② 注意颜料、胶水对衣物的污染。③ 在使用复写纸时,注意纸的颜色对衣物、眼睛的污染。④ 学生之间的座位要保持一定的距离,彼此不受干扰。

活动过程

一、导入活动

1. 出示课件(同时播放班瑞德的音乐)。

(1)出示相关作品,与儿童画进行视觉上的比较。提问:说说二者有什么不同?

(2)让学生摸一摸,再一次从感知上了解彩泥画的与众不同之处。

2. 表明活动内容。

(1)出示5个福娃的彩泥作品(图61)。

老师:这种画叫彩泥画,我们可以用它来制作自己喜欢的各种图画(同时展示部分教师、学生的作品),同学们想不想学?

图61 彩泥福娃

（2）以班瑞德的音乐为背景,渲染气氛。以学生喜欢的福娃为素材,激发学生的学习兴趣,加深学生对奥运精神的理解。

二、介绍彩泥

彩泥画是以特制的彩色泥为主要材料创作的工艺美术作品。彩泥可以在木、瓷、玻璃、石、布、纸等多种材料上绘制。彩泥的黏附力强,可以互相调色,干后坚硬如石,可长期保存,不脱落,不褪色。(理论知识尽量少讲,多感受真实的画与工具)

三、教师示范操作

老师：那么怎么制作一幅彩泥画呢？

图62 底版

通过课件演示,让学生了解彩泥画的制作方法。

1. 制作底版。

展示实物（图62）,讲清制作要求：用刀将三合板割成 13×18 规格的底版。

2. 填充彩泥。

（1）工具的使用。工具有镊子和牙签。制作时用镊子取彩泥,之后左右手协调同时作画。彩泥画的浮雕效果是用牙签和镊子尖刺出来的。

（2）上彩泥（图63）。顺序是由深至浅,先难后易,先四周再中间。可以按照图画原来的颜色上色,也可以自己选配。

上彩泥时每一块要一次性完成。边线要均匀,用边上的泥修整边线,尽量圆润。换一种颜色时,必须清洗一次工具,避免串色。画幅上的字比较小,可以直接用记号笔书写。

图63　上彩泥

（3）刷底色。可以给底版上色,使画面更精彩。

(提醒学生注意:操作时要细心、要有耐心,左右手要相互配合。同时展示优秀作品,把活动从课内引向课外)

四、学生活动

1. 学生自制彩泥画。

活动要求:自己选择一幅画模仿或创作一幅画,按上述方法进行制作。

老师巡视指导,适时进行反馈。

2. 学生作品展示:鼓励较好的作品,指出不足之处。

(创新是一种活力,可以把学生引向更广阔的天空。将自我评价与自我小结相结合,培养学生的综合素质)

五、相关知识延伸

1. 出示教师制作的作品(课件出示)与同学们分享。

2. 指出彩泥作品还可以根据用途的不同制作成挂件、装饰画等。

六、活动小结

从活动的情感、活动的效果、活动的延伸等方面进行总结,强调互动性。

七、整理材料工具

按要求进行材料归位,登记整理学生作品。进行必要的电子保存,在基地网站上展示学生的优秀作品。

八、活动随感

1. 彩泥制作具有很大的空间。可以由平面制作向半立体的空间制作发展,进一步提升学生的创新思维。

2. 制作完成后,可以进行简单的美化加工,如配上简单的纸板画框,让学生对美的认识进一步升华,从而感受实用生活美术的设计给人带来的乐趣和美的享受。

九、课堂实录与成果展示

图64　再来点颜色

图65　画得不错吧

图66　学生作品(1)

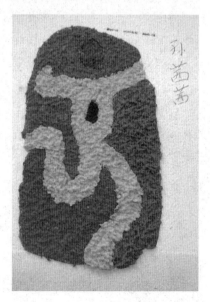

图67　学生作品(2)

邮寄真情感恩父母

年　　级：小学五年级
　　　　　初中二年级
方案设计者：郑　勇

设计背景

"儿行千里,母担忧。"参加实践活动的学生,将在基地独立生活三天两夜,作为家长,担忧毋庸置疑。陌生的环境,不一样的活动,学生有新鲜感,也会有紧张的情绪。书写一张明信片,让学生宣泄紧张情绪,感恩父母,用行动弘扬中华民族感恩孝亲的传统美德;收到一张明信片,使家长放下担忧,支持自理,感受儿女"报得三春晖"的真情。

学情分析

由于社会、生活环境的变化,孩子在父母心中的地位越来越重要,恨不得把所有的爱都给他们。这样很容易造成孩子的"独我"行为。随着社会节奏的加快、生活压力的增加,父母与孩子的沟通愈来愈少。五年级的学生可能还不懂得感恩父母;而初二的孩子懂得父母的辛劳,却羞于大胆用语言告诉家长心中的感激。一张明信片能成为沟通父母与孩子情感交流的桥梁。

活动目标

情感目标　让学生在体会父母的爱之后能够懂得珍惜眼前,孝敬、理解、热爱父母。

能力目标　让学生学会书写明信片,知道投递书信的一般知识。

认知目标　让学生认识到与父母长期坦诚交流、和谐相处的重要性。

重点难点

重点 使学生产生孝敬父母、心存感恩的情怀。

难点 使学生学会尊重父母、感恩父母,学会关爱他人、回报社会。

活动准备

① 来实践基地前班主任布置家庭作业:父母姓名、地址、邮编抄写在稿纸上,带好水笔放入书包。② 感恩教育视频资料。③ 如何书写明信片的PPT。④ 投影仪、音响、歌曲音乐。

活动时间

学生来实践基地的第一天下午或者晚上书写。第二天投递,确保学生回到家之前,家长能收到明信片。

活动过程

一、导入活动

教师提出具体问题,组织学生讨论、回答:

1. 今天来基地之前,你的爸爸妈妈是怎样嘱咐你的?
2. 你的爸爸妈妈辛辛苦苦地养育你,对你有什么要求和希望?
3. 面对爸爸妈妈的希望,你在学校里应该做什么?怎么做?

二、观看感恩教育视频资料

组织学生观看邹越《让生命充满爱·爱父母篇》,适时引导。(17分钟)
http://v.youku.com/v_show/id_XNDMyMTMyNjIw.html?f=17983538#fr.yk.folder.4

三、书写明信片,感恩父母

教师引导:看了刚才的视频,大家应该也有很多话要说给自己的父母听。今天我们就用书写明信片的方式,把你对父母亲的爱传递到他们的眼前。

1. 展示明信片。
2. 指导书写。

(1)在左上角的方格内填上收件人邮政编码(图68)。例如,昆山:215300;锦溪:215324;千灯:215341……

(2)在中间略右的上两条横线上填写收件人的地址和收件人姓名(上面填地址,下面填姓名)。

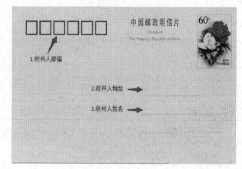

图68 填邮政编码

(3)在中间略右的第三条线上,填写寄件人(自己)姓名(图69)。

(4)在右下角填上寄件人的邮政编码。

(5)在左边的"留言板块"上,写上给父母的精短留言(图70)。

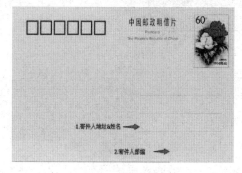

图69 填寄件人

图70 写留言

四、鼓励学生原创"留言"

可以提供一些短句,如:

1. 有个地方,是永远可以安然甜睡的港湾,那就是——父母的怀抱。

2. 爸爸的教诲像一盏灯,为我照亮前程;爸爸的关怀像一把伞,为我遮蔽风雨。

3. 家是安稳的归宿,家是彼此的约定,家是永恒的追寻;无论家多么贫苦,它依旧是我最安逸、最豪华的驿站!

4. 风是爱的呼唤,雨是情的交融,最爱你的人,最牵挂你的人永远是你的父母。

5. 人的嘴唇所能发出的最甜美的字眼,就是母亲,最美好的呼唤,就是"爸爸""妈妈"。

6. 母亲啊,当我呱呱坠地时,我不能呼喊你的名字,也不知道你是谁;但我却有一股莫名的感觉,这一生跟定你啦!

7. 爸爸,您常常给我理解的注视,您常说快乐是孩子的礼物。所以今天,我送上一个笑,温暖您的心!

在学生书写的过程中,教师播放《感恩的心》、《白发亲娘》、《母亲》、《儿行千里》、《常回家看看》、《爱的奉献》、《烛光里的妈妈》、《父亲》、《妈妈的吻》等主题歌曲,创设情境,烘托氛围。

五、评优总结、组织投递

1. 分组,由组长盖上实践基地纪念戳。

2. 评选优秀明信片,用数码相机拍摄存档,奖励一张空白明信片。

3. 到实践基地内邮筒处投递。

六、课后随感

明信片是一种不用信封就可以直接投寄的载有信息的卡片。简单明了的明信片,易于学生操作。在与父母、亲朋好友的交往中,明信片起到了维系感情的桥梁作用。

给学生"灌输"明信片"意识",不仅现在能给家长一个意外的惊喜;也利于学生学会以后与家人、朋友的友好交往。

教师节时,给任课老师或者以前的老师寄去一张富有创意的明信片,能勾起浓浓的师生感情或者对师生友情的思念之情。

灯谜制作与猜灯谜

年　　级：初中二年级
教案设计者：叶　子

设计思想

灯谜是汉族劳动人民智慧的结晶,传统文化中的一门综合性艺术。灯谜制作与猜射,能使学生了解中国传统节俗文化,接受民族文化的熏陶。

灯谜内容丰富、知识性强,猜灯谜要掌握一定的知识和技巧,灯谜制作与猜射能启迪学生的智慧,发挥学生的创造力;同时为他们以后更好地参与社会活动铺砖引路。

学情分析

灯谜制作与猜射是传统节俗文化的一部分,如今仍在大众文化活动中延续。中小学生对灯谜并不陌生,但对灯谜中的诸多奥秘却不甚了解。

猜灯谜是融思想性、艺术性、知识性、教育性、趣味性于一炉的健康有益的文化娱乐活动,在学生中开展此项活动,有利于激发学生探究知识的欲望。

活动目标

让学生了解灯谜的历史和内容以及其包蕴的文化内涵,学会制作简单的灯谜和猜灯谜的方法及技巧。在生动有趣的活动氛围中,激发学生的探究精神和创造能力。

重点难点

重点　让学生了解元宵节中的节俗文化,学会灯谜的制作,接受传统文化熏陶,并在猜灯谜中获取知识和乐趣。

难点 灯谜的种类很多,文化内涵丰富,学生在学习中会遇到一定困难,因此教师对学生的要求不宜过高。

活动准备

教师事先准备好制作灯谜的字条、水笔,悬挂灯谜条幅的夹子;在操场上挂好花灯,布好悬挂灯谜条幅的绳索。

安全事项

教师布置的绳索离地面不宜过高,让学生在悬挂时手臂够得上;学生在悬挂灯谜时,不能使用凳子、椅子,以免跌落、受伤。

活动过程

一、导入活动

教师先做相关知识介绍,由元宵节风俗导入灯谜知识、灯谜制作、猜灯谜活动:

观灯猜谜是汉民族在欢度元宵节时举行的一种古老的民间的习俗。元宵节,即正月十五,是农历新年的第一个月圆之夜,象征着春天的到来。人们以吃元宵、赏花灯、猜灯谜等来表示祝贺。

猜谜在春秋战国时期就已出现。三国时代猜谜盛行。南宋时出现灯谜。此后,每逢元宵佳节,人们就将制作好的谜语挂在花灯上,供大家边观灯边猜谜,以此取乐。

明清时代,猜灯谜在民间十分流行,昆山的元宵节猜灯谜活动也到了鼎盛期。而现在人们过元宵节,仍然举行融知识性、娱乐性为一体的观花灯、猜灯谜活动(如图71)。主办方把一条条谜语挂在各式各样的花灯(或绳索)上供人猜,猜对了送一份礼物以示祝贺。

猜谜活动既能启迪智慧,又十分有趣,所以深受社会各阶层的欢迎。灯谜增添节日气氛,展现了古代劳动人民的聪明才智和对生活的向往。

今天我们的活动内容就是制作灯谜和猜灯谜。在活动之前,有必要介绍一下灯谜的制作方法与猜灯谜的技巧。

图 71　猜灯谜

二、介绍灯谜的种类

灯谜是写在彩灯上面的谜语,来源于汉族民间口谜,后经文人加工成为谜语。谜语由谜面、谜目和谜底三部分组成。

谜面,是谜语的主要部分,是供人猜射的说明性文字。谜目,是给谜底限定的范围,给人指明猜测的方向。谜底,是谜面所提出的问题的答案。

谜语题材广泛,谜底涉及自然界和社会生活中的各种事物和现象,一般分为物谜、事谜和字谜三种。

1. 物谜:以一件或几件物品为谜底的谜语。例如,谜面:麻布衣裳白夹里,大红衬衫裹身体,白白胖胖一身油,建设国家出力气。谜目:打一植物。谜底:花生。谜面:有个矮将军,身上挂满刀,刀鞘外长毛,里面藏宝宝。谜目:打一植物。谜底:大豆。

2. 事谜:以处于某种动态中的事情(如动作、活动、事件、现象等)作谜底的谜语。例如,谜面:四四方方一块盘,里藏军马外藏人;没有听到枪炮响,口口声声要吃人。谜目:猜一件事。谜底:下象棋。谜面:十个人牵布袋,五个人钻进来。谜目:猜一件事。谜底:穿袜子。

为了简化表达方式,下面用"十个人牵布袋,五个人钻进来(打一事件)——穿袜子"的形式来表达。

3. 字谜:以文字为谜底的谜语。这类谜语种类繁多,变化无穷。主要根据方块汉字笔画繁复、偏旁相对独立,结构多变的特点扣合而成。例如,他有你没有,地有天没有(打一字)——也。遇水则清、遇火则明(打一字)——登。

三、教学"字谜"的制作

字谜的组合方式有离合法、减损法、方位法、移位法、残缺法、隐藏法等,下面简要介绍几种。

1. 离合法:汉字字形结构复杂,字中有字,可分可合,离合法就是将汉字分解离析、重新扣合来制作灯谜。如:绿树村边合(打一字)——林。以"树、村"两字的边旁分扣"木字旁、木字旁",为离;再将这两个边旁合起来成为"林",为合。

2. 增补法:用增、补字或者部首、偏旁和笔画的方法扣合字谜。如:为中国多做一点贡献(打字一)——蜐。即"中国"二字多加"一"字和"、"(点),结合起来就得出谜底"蜐"字。

3. 减损法:从谜面或谜底中减去有关的字或偏旁、部首、笔画,扣合字谜。如:明月当空(打一字)——日。"明"字因"月当空"("空"别解作"空无")而损去"月",剩下"日"。

4. 方位法:按谜面文字笔画所指之东南西北、上下左右、内外边角等方位,将有关的字、偏旁、部首或笔画做相应处置成谜底。如:孔雀东南飞(打字一)——孙:"孔"字之东部首"乚"和"雀"字的南部笔画"隹"都"飞"了,剩下"子"和"小"组合成"孙"。

5. 移位法:移动汉字笔画成谜底。如:国内有点变化(打一字)——主,"国"内即"玉","有点变化"暗示将"玉"里"一点"(、)提到顶部变成"主"字。

6. 残缺法:通过谜面文字残缺扣合字谜。残缺的部位随谜意而定,残缺笔画有多有少,或一笔,或半截,或残边,或残角,灵活运用。如:身残心不残(打一字)——息,这是将"身"字"残"去半截,与"心"字组合成"息"字。

7. 隐藏法:用生动、巧妙的词句把谜底隐藏在谜面之中,使人通过思索才发现。如:金银铜铁(打中国一地名)——无锡,因民间有"金银铜铁锡"的说法。

字谜类还有词语和成语。如:愚公之家(打一成语)——开门见山。无底洞(打一成语)——深不可测。爬竹竿(打一成语)——节节上升。

有的谜语还有多个谜底。如：大姐用针不用线,二姐用线不用针,三姐点灯不干活,四姐做活不点灯(打四种小动物)——蜜蜂、蜘蛛、萤火虫、纺织娘。半推半就——掠(或"扰")。

四、学生活动

教师出示谜面,让学生根据所学的知识,开动脑筋(相互间可以讨论),竞猜谜底。

1. 竞猜谜语。

(1) 民间谜语。

红公鸡,绿尾巴,身体钻到地底下,又甜又脆营养大——红萝卜。弟兄五六个,围着圆柱坐,大家一分手,衣服都扯破——大蒜。身体白又胖,常在泥中藏,浑身是蜂窝,生熟都能尝——藕。身上滑腻腻,喜欢钻河底。张嘴吐泡泡,可以测天气——泥鳅。一把刀,顺水漂,有眼睛,没眉毛——鱼。

(2) 字谜。

池塘亮底——汗。多一半——夕。建国方略——玉。两点天上来——关。两人十四个心——德。上下一体——卡。十五天——胖。

双手赞成(打一成语)——多此一举。武大郎设宴(打一成语)——高朋满座。千里通电话(打一成语)——遥相呼应。给家捎个话(打一成语)——言而无信。脱粒机(打一成语)——吞吞吐吐。

2. 制作灯谜。

教师将准备好的纸条发给学生,10人一大组。以2人为一合作小组制作灯谜,把谜面写在纸上。按老师要求给谜语条幅分组编号。(实在想不出的,可以向老师求助。老师须事先准备大量谜语,满足学生需求。)

3. 猜灯谜竞赛。

各大组将制作好的谜语挂到操场上花灯四周的绳子上,以大组为单元,对口竞猜。猜出多的一组为优胜者。

五、活动小结

各大组组长选出两条"最佳谜语"推荐给大家,并说说推荐理由。教师点评。总结这次活动的开展情况和收获。

六、活动拓展

引导学生在以后的节庆日里,配合学校、街道、社区开展花灯展示、猜灯谜之类的民俗活动,为社会做一些力所能及的服务。

附:昆山民间(方言)谜语选注

1. 娘蓬头,爷蓬头,养个妮子尖头——竹子。注:蓬头,头发蓬乱。妮子,儿子,喻竹笋。

2. 一个黑氅四角撑,开出氅来七八样——猪。注:氅,喻猪。黑氅,黑猪。七八样,指猪的内脏。

3. 红面子,白夹里,里厢十个姑娘团团坐规矩——橘子。注:夹里,衣服的内层,喻橘子皮与瓤之间的白色隔膜。里厢,里面。

4. 天转地勿转,雷响雪花多——牵磨。注:磨片有上下两爿,牵磨时上爿转动、下爿不动。雷响,喻磨子转动时发出的声响。雪花,喻从磨中流出的米粉。

5. 有嘴勿会响,无嘴嘭嘭嘭——茶壶、锣。注:嘭嘭嘭,锣敲打时发出的声响。

6. 看看有节,摸摸无节;两头冷,中间热——历本。注:节,有年节、竹节之分。竹节是有结节的,年节是无结节的。两头为冬天,所以"冷";中间为夏天,所以"热"。

7. 看看蛮后生,胡子一大把,只要碰着人,总归叫姆妈——山羊。注:后生,年轻。姆,读"ēm"。山羊的叫声"咩咩",很像是"姆妈"。

8. 一个橄榄两头尖,吃罢夜饭就关店——眼睛。注:橄榄,喻眼球。关店,喻合眼、睡觉。

9. 红雄鸡绿尾巴,越大越往泥里钻——红萝卜。注:红雄鸡,喻红萝卜本身。绿尾巴,喻萝卜的茎和叶。

10. 房子里造房子,造好房子养妮子——燕子。注:前一个"房子"指屋子,后一个"房子"指燕窝。妮子,儿子,喻小燕子。

生存体验

sheng cun ti yan

无论横在面前的是索桥
还是天堑
只要坚信未来
彼岸就有属于我们的
丛丛绿茵

生命中的一缕阳光
——生命心理讲堂教案

年　　级：小学五年级
方案设计者：集体

设计思想

通过感受生命的孕育过程，让学生在回忆自己的故事中体会到生命的可贵，理解父母的艰辛，从而能形成感恩父母的情感。

通过对待生命的正反例子，让学生讨论思考该如何善待生命，从而培养正确的生命观。

通过看视频进行讨论，让学生懂得尊重别人、尊重生命，并且能深刻理解生命的真正意义，树立追求更高人生价值的信心。

学情分析

当今的学生多为独生子女，属于"掌上明珠"型。万千宠爱集于一身的他们很难了解、体会父母的艰辛，总是以自我为中心，缺乏关爱他人的意识。但是，社会竞争的压力又使他们极易产生消极倦怠的心理，甚至轻言放弃生命。

小学五年级学生正处于道德、情感发展的重要转折期。在认识方面，正由具体、肤浅的认识向本质的认识过渡；在评价方面，正从只注意行为的效果到全面考虑过渡。同时，这个年龄也是自我意识崛起期。因此，对他们进行生命心理教育十分必要。

教学目标

1. 引导学生尊重生命、珍爱生命，懂得尊重他人；树立正确的生命观，不轻言放弃生命,并能学会"感恩"。

2. 引导学生深刻理解生命的真正意义,了解名人事迹,自觉树立追求人生价值的远大目标。

重点难点

重点 使学生珍爱生命,尊重生命,永不放弃。
难点 使学生明白生命的真正意义在于内涵而不是长度。

教学方法

采用情感体验法、启发讨论综合法进行教学。以视频播放、教师引导为主线,展开师生互动。

教学过程

引入:今天很高兴有这个机会和大家坐在一起共同探讨"生命"这个话题,和大家一起思考生命的意义。

一、生命很神奇

1. 生命的开始。

人,从呱呱坠地的那一刻开始,新生命奇迹也就诞生了。你知道生命的过程吗?让我们先通过一段视频了解生命从无到有的神奇。

【视频播放】

每一个孩子都是爸爸妈妈爱的结晶,当一个直径大约为0.1毫米的胚胎在妈妈肚子中着床成功的时候,生命也就开始了,那是一段非常奇妙的过程。我们会花大约六周时间长成像小蝌蚪一样的受精卵,两个月后胎儿渐渐成形。我们通过"脐带"拼命从妈妈那里汲取生长所需要的营养。

之后,我们的眼睛、鼻子、双手、两足慢慢成形,而妈妈的肚子也会渐渐隆起,就像充足气的大气球一样。此时的我们,已经可以通过伸伸臂踢踢腿来和妈妈交流了。

在足足40周的时间里,妈妈要经历妊娠期种种不适的反应和分娩时的剧痛,爸爸也难免会有一些紧张和焦虑。但是,新生命的诞生总是能给家庭带来无比的幸福和喜悦。

2. 生命需要呵护。

此时的生命是非常稚嫩和脆弱的,需要爸爸妈妈的精心呵护和照顾。你是否还记得,当你们很小的时候,爸爸妈妈教你们穿衣服、绑鞋带、系扣子,他们花了很多时间教你用勺子,用筷子吃东西?

你们是否还记得,你们要练习很久才会唱一首儿歌?相信你们一定还记得这些儿歌,来和我一起哼哼看——

【与学生一同哼唱儿歌】小兔子乖乖,把门儿开开,快点儿开开,我要进来。这旋律太熟悉了,听着这熟悉的旋律,你仿佛又看见了妈妈正小心地抱着你,轻轻唱起歌谣哄你入睡。

那是无数个夜晚妈妈为还在襁褓中的你哼唱过百遍的歌谣,那是已经深刻在骨髓里的记忆,那是妈妈"爱"的倾注。那时,你们便是被父母捧在掌心中呵护长大的,你们就是父母最珍视、最珍惜的一切。

现在,你长大了,学会保护自己也是你们人生中的一门必修课:活动时注意安全,保护自己不受伤;有良好的饮食习惯、运动习惯,锻炼健康的身体;合理交友,与朋友共同进步……这些都是对自己有益的呵护。

是的,生命本身是最重要的。有了生命,才能尽情享受美好的东西:父母的关爱,家庭的幸福,好友的关心,老师的夸赞,学业的进步……

二、生命很脆弱

但是,生命终将有逝去的一天,【出示图片:失去生命的小鸟】你们看到什么了?一只小鸟静静地躺在那里,一动也不动,它的生命已经走到了终点。

【学生互动:说说此时心中的感受】这样的画面会让我们觉得伤心,难过,惋惜。就让我们用孩子的视角,用自己的方式来了解生命。生命只有一次,一旦失去了,就再也不可能重来。

【出示绘本故事《魔法爸爸》】

一个人的下午,真无聊。"布小猪,你为什么不说话?是猪就得说话。让我看看,你怎么啦?"花花猪用剪刀拆开了布小猪。布小猪不但不说话,肚子里的棉花也都跑了出来。幸亏这时爸爸回来了。爸爸用针线把布小猪缝好,跟原来的一模一样。"哇,我的魔法爸爸,你真厉害!"花花猪说。

花花猪又去跟他的玩具飞机说话:"我的好飞机,你带我飞到天上吧!"

玩具飞机一动也不动。"你这是怎么啦？快让我坐在你身上，我喊三二一，你就起飞。"

花花猪一屁股坐在玩具飞机上。咔嚓！玩具飞机的翅膀折断了，花花猪傻眼了："让爸爸把它重新修好，我的爸爸会魔法！"断了翅膀的飞机到了爸爸手里，一会儿就"变"好了。花花猪拿着修好的飞机跑了出去。

"瞧啊，我的爸爸会魔法！"花花猪拿着飞机对粉红猪大叫。粉红猪正流着眼泪给一只受伤的小小鸟包扎。那只小小鸟一动不动地躺在地上。"粉红猪，你别哭，你治不了他，会魔法的人才能治好。"花花猪说。"我的爸爸不管什么东西，坏得再厉害都能修好。他会魔法。"花花猪自豪地说。

"真的吗？太好了，小小鸟有救啦！"花花猪把小小鸟捧在手心里，一路跑着去找花花猪的爸爸。爸爸把小小鸟接过去，仔细地看了看，半天都不说话。小猪们用期待的眼神望着他。爸爸的脸色变了，一点笑容也没有了。他摇摇头，轻轻地说："我修不好他，小小鸟已经死了。""这是不可能的，魔法爸爸什么都能修……"花花猪伤心地哭了……

【配乐】 爸爸拉着花花猪的手，轻轻说道："爸爸的魔法呀，只能把没有生命的东西修好。这只小小鸟是有生命的，他死了，爸爸一点办法也没有。生命只有一次，死了，就再也修不好了。"

生命只有一次！

三、生命很精彩

那么，我们该如何把握好这仅有的一次生命，活得更加精彩，让生命活出厚度来呢？我想，她，姚贝娜也许能给我们一个答案。

1. 歌手姚贝娜的故事。

《中国好声音》第二季中的歌手姚贝娜可能大家都听说过。你们知道吗？在台上尽情展示自我，用歌声感染众人的姚贝娜是一个癌症患者。

过去的两年中，姚贝娜接受过两个大手术和无数次化疗。但是，疾病并没有击垮姚贝娜对于歌唱的热爱，疼痛也不能让她放弃钟爱的舞台。就算是恶疾复发，在身体状况很不理想的情况下，她依然没有放下手中的话筒。

2015年1月16日下午4时55分，年仅33岁的姚贝娜永远地离开了我们。而此前姚贝娜就签署了眼角膜捐献志愿书。17日，成都小伙子小董成功接受眼角膜移植,恢复了视力。

一位歌者离开了我们,但我们却会永远记住她,记住她舞台上的风采,记住她对歌唱的热爱,更记住她给予他人的光明和生活的希望。生命只有一次,但精神却能生生不息。姚贝娜让仅有的一次生命活出了别样的色彩!

【视频】 同学们,现在听到的这首歌,就是来自姚贝娜的《随他吧》,铿锵有力的歌声中展示的是生命的力量,是不向疾病低头的顽强。

也许明天我们可能会落入人生的低谷;也许明天我们可能会经受命运的风浪;也许明天……只要相信生命因我而精彩,我们也能够奏响生命的最强音!随他吧,反正冰天雪地我也不怕。随他吧,反正再大的困难我也不怕。

生命已逝,但姚贝娜在我们心里的形象还是那样的鲜活。

2. 尼克胡哲的故事。

在我的人生当中,这位帅气的老外也曾像姚贝娜一样深深打动过我,他是一位世界著名的励志演说家——尼克胡哲。

我给学生们看过尼克胡哲的生活视频,我的孩子们当时就惊呼:"他是怎么吃饭的?""他是怎么脱衣服的?"这些问题听上去有些可笑,也有人问:"他是怎么学会踢球的?""天啊,他是怎么学会游泳的,他还会跳水!"是的,尼克胡哲多才多艺,但仅仅这样还不足打动我。

尼克胡哲是和我们一样的人,但他又是那样的不一般。因为他就是尼克胡哲,一个一出生就没有双手双脚的人。

【出示图片】 我希望你们能好好欣赏接下来的一段视频,可能你不能听懂视频中的英文,但一定要关注它的字幕。也许那会对你的人生有所启示。

【视频《尼克胡哲的故事》】

尼克胡哲的灾难一出生就开始了,他没有办法选择自己的人生,但父母没有放弃他,更重要的是他没有放弃自己。他爱笑、爱生活、爱生命,所以他不但学会了踢球、跳水、游泳,还收获了事业的成功、家庭的幸福和甜蜜的爱情。

每个人的生活都不会永远一帆风顺,每个人的生命中都有坎坷,或大或小。困难往往说来就来,甚至不会给你一点点暗示,我们随时都可能面临一场风雨。如果不能时刻做好准备,那么就很容易被生活中的困难击垮。尼克胡哲也用自己的行动告诉了我们他的生命价值所在。

3.《love》视频。

当然,我们要把握生活的主动权,在困难面前迎难而上,才能成为真正的生活强者。让我们再去认识一群与时间赛跑,和癌症抗争的可爱的孩子们。

【视频】 在今天之前,我相信各位同学都曾经遇到过困难和压力,但和姚贝娜比一比,和尼克胡哲比一比,和那些孩子们比一比,那些困难就显得太微不足道了。活着,只要有不屈的信念,你们也能如他们一样战胜困难。

四、生命要珍惜

1. 两个方法。

(1) 积极面对。我们可以面对镜子,告诉自己加油、加油!可以真诚微笑,积极面对困难。

(2) 善用资源。人生常常会有让人觉得相当难熬的时刻,每个人都一样。你可以自我调节,但不必一个人扛着。当我们真的觉得自己处理不了时,可以找一个愿意听你说一说的人倾诉,这非常重要。也许我们可以和好朋友说说、和家里人说说,或者找一个信任的老师说说……在说的过程中,难受就会减轻;在讨论中,明白怎么来处理事情。懂得善用资源帮助自己渡过难关,是非常聪明和勇敢的行为,是关爱自己的表现。

2. 三个体验。

【师生互动】 亲爱的同学们,今天的活动已接近尾声,我希望这些内容能为你们未来的生活注入一缕温暖的阳光。最后让我们以一个简单的生命体验来结束讲座。请同学们请起立。用你们的右手触摸你的左胸,静静感受一下,这微微的心跳,呼吸的起伏,都是生命的节奏。伸出双臂拥抱自己,这是将陪我们走完漫漫人生路的身体,请你们一定要好好照顾它、保护它,不要让它受到一点点伤害。让我们紧握双拳,自信地鼓励自己:我的人生,加油!加油!

活出生命的色彩

——生命心理讲堂教案

年　　　级：初中二年级
方案设计者：集体

设计思想

通过感受生命的孕育过程，让学生回忆自己的故事，体会到生命的可贵，理解父母的艰辛，从而形成感恩父母的情感。

通过对待生命的正反例子，让学生讨论思考该如何善待生命，从而培养正确的生命观。

通过看视频进行讨论，让学生懂得尊重别人、尊重生命，并且能深刻理解生命的真正意义，树立追求更高人生价值的信心。

学情分析

初二学生是心理和生理变化比较迅速的时期，身心各方面都比较矛盾，容易叛逆，情感脆弱，容易冲动，做事莽撞，后果意识能力差。因此，开设生命心理讲堂必不可少。

教学目标

让学生在体验中感受生命的尊贵，体会生命的终极意义是活着，正确认识生命中的挫折，活出自己生命的色彩。

重点难点

重点　使学生珍爱生命，尊重生命，永不放弃。

难点　让学生明白生命的真正意义在于内涵而不是长短。

教学方法

采用情感体验法、启发讨论综合法进行教学。以视频播放、教师引导为主线，展开师生互动。

教学过程

一、活着

1. 追溯生命的脚步。

【教师导语】 与心灵相伴，与健康同行。大家好，很高兴有机会和大家一起成长，今天我要和大家一起分享的主题是《活出生命的色彩》（PPT 1），我想先请大家闭上眼睛，开始今天的主题之旅，好吗？

【学生冥想】 让学生闭上眼睛伴随着音乐在老师的引导下冥想。

【教师导语】 请调整你的坐姿，让自己坐得舒服一些，然后轻轻闭上眼睛，深呼吸三次（停顿三秒），让自己静一静。接下来，无论听到什么，你都不要发出任何声音，你只需要跟随你的心灵慢慢回想，回想到那一刻……

回想到自己刚刚过去的初一生活，回想到小学那天真烂漫的时光里。还记得那条熟悉的上学路，那间充满着无数欢乐的教室。时光还在推移，我们又回到了幼儿园的时光里，我们拉着妈妈的衣襟一路欢笑。现在，我们又回到了妈妈的怀抱里，是那样熟悉那样温暖的怀抱啊！请继续往回走，回到我们出生的那一刻，再回到妈妈那温润的子宫里。（老师停顿3秒再继续）

【学生欣赏】 好，同学们，请慢慢睁开眼睛，来看看当年的我们在妈妈的子宫里是怎样生活与成长的呢？

【播放视频】 《从怀孕到分娩》。（PPT 2）

【教师导语】 生命是个奇迹，在亿万个肉眼看不到的细胞中决胜出一个，再经过280天左右成长为眼前有着各种面貌、各种性格的人，这就足够证明生命本身有多么奇妙。

我们有了肉体，或高，或矮，或胖，或瘦，或长得漂亮，或长得不尽如人意。但能肯定的是，我们每一个生命都是世界上独一无二的。那么，如此独特的生命其意义何在呢?

2. 探寻生命的终极意义——活着。(PPT 3)

【教师导语】 "未知生,焉知死?"生命的意义首先是活着。活在当下,把握现在。我们应当珍惜当下的每一分、每一秒,享受当下的每一次灿烂,体会当下的每一次痛苦!

鲜活的生命,没有绝望,没有放弃,只有生存,只有活下去的信念和勇气!活着是生命的终极意义,无论你想要什么样的人生,你必须首先活着,否则一切都没有意义!

【学生欣赏视频】 《Love Life》。(PPT 4)

【教师导语】 视频中一位叫加芯的女孩说:"如果生命可以交换,你愿意和我换吗?"这是多么无奈的心声,相比之下,我们又是多么的幸运啊!(PPT 5)

我庆幸我活着,因为我可以每天回到家中和我可爱的家人共进晚餐,和我心爱的孩子相拥而眠。

我庆幸我活着,因为我可以和在座的可爱的你们共同学习共同成长。

我庆幸我活着,因为我还可以去完成我吃遍中国美食的梦想。(此处老师可以根据自己的实际来自主组织语言)

同学们,让我们接下去完成这个句子,和大家一起来分享生活中的精彩吧!(让学生前后左右交流一分钟,找3~5位学生分享。老师对学生的分享,予以积极评价)

【教师导语】 是啊,活着,多好啊!可是生活中有一些人,他们却无视生命的尊贵,他们将美好的"花季"变成了悲凉的"花祭"。

【案例分享】 《李晖自杀案》。(PPT 6)

2007年11月8日,西宁市一名高二的学生李晖在政治期末考试中被监考老师认定作弊,之后被学校通告处分。李晖无法承受压力,于第二天上午在家结束了自己年轻的生命。自杀前,李晖留下这样几句话:"爸爸妈妈,我走了,再也不会回来了,你们不要为我伤心。"

【教师导语】 爸爸妈妈,真的会不为他伤心吗?让我们来听一听他的妈妈那肝肠寸断的呼喊。

【配乐朗读】 《李晖妈妈写给已故儿子的一封信》(PPT 7)(书信朗

诵已有录音,但是老师选择自己朗读,以增强现场效果)。

亲爱的儿子:

你好吗?你离开我们已经整整4个月了。4个月,120天,2880个小时,172800分钟,分分秒秒,妈妈都在呼喊:"儿子,你回来吧!"

你再也回不来了……你的气息无处不在。鞋架上还放着去年国庆节妈妈给你买的新鞋;盆架上还挂着你的毛巾。你的身影充满着家里的每一点空间。

每次听到楼道里传来的脚步声,我都急忙开门看看,我再也听不到那有节奏感的脚步声了。

每天,我朝着你放学回来的方向望啊望啊,我再也看不到那个熟悉的身影。每当夜深人静的时候,妈妈凝望着你床头的巨幅照片,眼泪就止不住地决堤……

儿子请你走进我的梦里,和想念你的妈妈说句悄悄话,哪怕只说上一句话。

永远想你的妈妈

2008年3月13日

二、活出生命的色彩

1. 直面挫折。

【教师导语】(PPT 8)是什么让李晖付出了生命的代价呢?(停顿3~5秒)

【教师导语】(PPT 9)显然,李晖将他所遭遇的问题无限扩大了,他的眼睛紧贴着他所遭遇的问题,所以,那时那刻的他,眼前是一片漆黑。

那么,李晖怎样才能避免眼前一片漆黑的现象呢?告诉大家一个方法,那就是让他退几步、再退几步。如果还是不行,那就再退几步。这样,当他再回过头来看的时候,当时的眼前一片漆黑不过是现在的一个小黑点而已。

这样,原来感觉天昏地暗的问题,到现在来看其实那都根本不是问题。所以当我们遭遇问题与挫折的时候,首先要做的是冷静自己,让自己尽可能全面地去看待问题。

接下来大家看看我们的屏幕上还有什么?(PPT 10)(学生可能回答看到了黑点,也有可能回答看到了黑点周围的空白,所以老师应当做好临场应变的准备)

大家看到的是一个黑点。可是同学们,偌大一个屏幕中你只是看到了一个黑点吗?请问如果这个屏幕就是我们的生命,你就只是看到了生命中的那个黑点吗?你们看到了黑点周围偌大的一个空白世界了吗?

其实,这个空白的世界才应该是你眼中的世界,在这个世界里你可以尽情地挥洒,用你的欢声与笑语,你的泪水和汗水活出生命的色彩,不是吗?

当然,在这五光十色中,黑色也是必需的。只有这样,我们的生命色彩才够完美。所以,我们要正确看待我们生命中的黑色,它的出现可能会给我们打击,但更多的时候却能激活我们内在无穷尽的能量。

2. 生命的榜样。

【教师导语】 在我国还有这样一个人,他曾经觉得自己很不幸,几度想以死了却此生,然而却始终找不到去死的理由。他说,好心人救了我的命,我必须要好好活着,生命不停,奋斗将永无止境。我一定要找到我的幸福。那这个人是谁呢?请看大屏幕。

【视频播放】 (PPT 11)

【教师导语】 陈州,青年人的榜样,他不仅自己活着,活得很精彩;同时,他还甘愿做一支蜡烛,燃烧自己照亮他人,给他人的生命带去五彩光芒。

我再向大家介绍一位生活在我们身边的平凡男孩,他叫王浩天,是我们昆山一所中学的教师子女,来看看他又是如何演绎自己精彩人生的呢?

【视频播放】 (PPT 12)

【教师导语】 小小的他却用大大的能量在帮助着他人,感召着他人,为自己为他人的人生增光添彩。

【教师导语】 生命的意义在于活着,生命的意义也在于奉献,在于坚守,在于生活中的点滴平凡。无论我们身在何处,身兼何职;我们不一定轰轰烈烈,也不一定功成名就。但是可以肯定的是,我们每一个人都有足够的能量去照亮自己的人生。让我们的生命在平凡中大放异彩吧!

无论是陈州还是少年王浩天,他们都有一个共同的特点,那就是他们都热爱生命,敢于挑战,勇于坚持,乐于奉献。同时,我们还应该"敬畏生命,感恩生命,热爱生命,让自己的生命阳光普照!"

当生命的黑点出现的时候,大家不要害怕,我们要学会自救与求救,自救与求救也是一种智慧的体现。

那么,如何"求救"呢?可以寻求身边人的帮助,寻求学校心理咨询老师的帮助,寻求昆山市未成年健康指导中心的帮助。

三、心灵体验

【教师结束语】（PPT 13）

好,今天的生命主题之旅即将结束,最后请大家站起来,调整一下自己的姿势,然后轻轻地闭上双眼,深呼吸三次,让自己静一静,静一静。

请伸出你的左臂放在你的右胸,和右臂一起将自己紧紧拥抱,紧一点,请再紧一点。记住,这是将陪我们走完漫漫人生路的身体,请你们一定要好好照顾它,保护它,不要让它受到一点点伤害。

在今后生活的每一天,你无论是身负生活压力、感情出现问题、受误解或者是遭遇生活中的任何困难或挫折,都要坚强,要奋斗,要好好爱自己,永不放弃自己宝贵的生命。你要活着,为自己,为家人,为爱你的每一个人;活着,活出自己生命的色彩。

最后,请大家双手握拳,用发自肺腑的最强音和我一起为自己的生命加油。请大家跟着我高呼,好吗?我说一句大家和我一起说一句,好吗?活着,活着,好好活着,加油!

【结束语】 今天我们的学习与分享就告一段落了,感谢大家的参与!相信今天你的所感所悟定能为你人生的某时某刻注入一缕阳光,照亮你前进的方向。最后祝愿大家今后的每一天都绚丽多姿。

禁毒教育

年　　　级：初中二年级

方案设计者：费　莉

设计思想

毒品危害人们的身心健康,吞噬人们的肉体和灵魂,直接摧毁我们的美好生活。毒品曾给中华民族带来了极其深重的灾难,时至今日,毒品这场来势凶猛的世纪之患正无情地侵蚀着青少年的身心。

青少年正处于生理、心理发育时期。好奇心强,判别是非能力不强,抵制毒品侵袭的心理防线薄弱,加之对毒品的危害性和吸毒的违法性缺乏认识,最容易受到毒品的侵袭。

通过禁毒教育,学生能初步了解毒品和毒品的危害,树立珍爱生命、禁绝毒品的意识。

教学目标

1. 通过活动的开展,学生能了解什么是毒品、毒品的种类,认识吸毒行为,认清毒品的危害性。

2. 通过图文并茂、通俗易懂的图片、视频,教育和引导学生远离毒品,提高拒毒防毒意识和能力。

3. 让学生懂得"珍惜生命,禁绝毒品",培养禁毒意识,进而了解毒品是全人类的公害,必须牢固树立禁毒法律意识,遵纪守法,抵制毒品,增强与毒品违法犯罪做斗争的自觉性。

重点难点

重点　使学生认识毒品,认识毒品的危害,从而远离毒品。

难点 引导学生珍爱生命，抵制毒品。

教学方法

教师：采用讲解、图片及视频资料展示的方法，引导学生归纳总结。

学生：参观生活健康主题馆，收集资料、讨论交流。

教学准备

① 关于毒品危害的电子视频和图片说明资料。（教师 PPT）② 关于毒品知识的资料。（学生收集的材料，教师 PPT）③ 关于吸毒受害者的案例资料。（教师视频）

教学过程

一、引入新课、出示题目

1. 教师：同学们，你们知道"国际禁毒日"是哪一天吗？（提示：6月26日）

2. 出示题目：《珍爱生命，禁绝毒品》。

3. 出示关于毒品危害的图片说明（PPT），通过文字说明加深学生的感性认识。

4. 学生感悟：谈谈自己的感受。

二、相互交流、学习新课

1. 教师：你们知道什么是毒品吗？毒品都有哪些呢？哪位同学能给大家介绍一下？

（1）学生展示收集到的关于毒品的资料。

（2）观看图片，教师讲解：毒品一般指吗啡、杜冷丁、海洛因、大麻、可卡因、冰毒、摇头丸；它的来源很广，既有天然生长的植物，又有从天然植物中加工提炼的化学药物以及人工合成的化学药品。这些毒品长期吸食就会成瘾，对人体产生危害，而且易感染疾病。如果服用过量，则可导致死亡。

2. 师生讨论：（观看图片）由美丽的罂粟花（图72）到可怕的"毒品"（图73）的演变过程。

图72 罂粟花

教师：看了这些图片，同学们有什么感想？（学生发言）

总结：罂粟花漂亮吗？可是，有谁会想到这么漂亮的花朵会变成吃人的毒品。

由此引申：外表的美丽，并不代表内心的善良，我们要让自己的外表和内心一样美丽。

图73 毒品

三、案例分析、强化内容

1. 案例分析。（播放视频案例）

2. 教师分析毒品的危害性。（PPT）

毒品的危害可以说有很多，归纳起来最主要的危害有两大类：

（1）吸毒对身心的危害。

吸毒对身体的毒性作用：毒性作用是指用药剂量过大或用药时间过长引起的对身体的一种有害作用，通常伴有机体的功能失调和组织病理变化。中毒的主要特征有嗜睡、感觉迟钝、运动失调、幻觉、妄想、定向障碍等。

戒断反应：是长期吸毒造成的一种严重和具有潜在致命危险的身心损害，通常在突然终止用药或减少用药剂量后发生。许多吸毒者在没有经济来源购毒、吸毒的情况下，或死于严重的身体戒断反应引起的各种并发症，或由于痛苦难忍而自杀身亡。戒断反应也是吸毒者戒断难的重要原因。

精神障碍与变态：吸毒所致最突出的精神障碍是幻觉和思维障碍。他们的行为特点围绕毒品转,甚至为吸毒而丧失人性。

感染性疾病：静脉注射毒品给滥用者带来感染性并发症,最常见的有化脓性感染和乙型肝炎,以及令人担忧的艾滋病问题。此外,还损害神经系统、免疫系统,易感染各种疾病。

（2）吸毒对社会的危害。

对家庭的危害：家庭中一旦出现了吸毒者,家便不成家了。吸毒者在自我毁灭的同时,也破坏自己的家庭,使家庭陷入经济破产、亲属离散、甚至家破人亡的困难境地。

对社会生产力的巨大破坏：吸毒首先导致身体疾病,影响生产；其次是造成社会财富的巨大损失和浪费；同时毒品活动还造成环境恶化,缩小了人类的生存空间。

毒品活动扰乱社会治安：毒品活动加剧诱发了各种违法犯罪活动,扰乱了社会治安,给社会安定带来了巨大威胁。

四、设置情景、讨论应对

1. 讨论交流：学生交流青少年如何防止吸毒。

2. 现场体验：让学生自己现场创设可能涉毒的情境,其他学生寻求对策。

3. 教师讲授：预防毒品的措施。

（1）青少年如何防止吸毒：

① 接受毒品基本知识和禁毒法律法规教育,牢记"四知道"：知道什么是毒品；知道吸毒极易成瘾,难以戒断；知道毒品的危害；知道毒品违法犯罪要受到法律制裁。

② 树立正确的人生观,不盲目追求享受,不以好奇心为由侥幸去尝试,不受不良诱惑的影响。

③ 不听信毒品能治病、毒品能使人摆脱烦恼和痛苦、毒品能给人带来快乐等各种花言巧语。

④ 不结交有吸毒、贩毒行为的人。如发现亲朋好友中有吸、贩毒行为的人,一要劝阻,二要远离,三要报告公安机关。

⑤ 养成良好的行为,杜绝吸烟、饮酒等不良嗜好,不涉足青少年不宜进入的场所,决不吸食摇头丸、K粉等兴奋剂。

⑥ 即使自己在不知情的情况下,被引诱、欺骗吸毒一次,也要珍惜自己的生命,坚决不再吸第二次。

(2) 青少年应当避免与四种人交往:

有吸毒恶习和嫌疑的人员,从强制戒毒所释放回来的人,从劳教戒毒所回来的人员,因吸毒被公安机关拘留处理的人。

(3) 青少年应当远离三种场所:

赌场、有贩毒嫌疑的住所、社会上的营业性娱乐场所。同时,防吸毒要从不吸烟开始。

五、总结升华

1. 学生谈谈这节课的收获。

2. 教师小结:同学们,今天,我们了解了有关毒品的知识及防范措施,也知道了毒品对家庭、社会的危害。希望每个人都能做到:一发现有人吸毒,应该立即举报。为了自己的健康,为了家人的幸福,为了社会的安定,请远离毒品,珍爱生命。(重申课题:珍爱生命,禁绝毒品)

3. 播放网络禁毒歌曲《远离你》,学生跟唱。

4. 学生宣誓:"珍爱生命,禁绝毒品,从我做起。"

六、课后随感

禁毒教育任重而道远。学校、社区、校外教育基地应联手共抓。首先要加强宣传教育,增强学生的拒毒意识。

同时,要充分发挥学校的教育阵地作用,开展学生喜闻乐见、寓教于乐的课外和校外禁毒教育活动,增强教育的实效性。

还可利用黑板报、宣传栏、悬挂警示标语等形式营造氛围;以丰富多彩的活动为载体,开展"远离毒品,珍爱生命"征文,举办"禁毒"演讲比赛、组织"学生拒毒签名"等活动,净化学生的心灵。

预防和减少青少年涉毒行为,对于治国安邦、推进改革开放和现代化建设顺利进行,是一项既紧迫、又艰巨,既重大、又长远的任务,必须发挥社会整体功能,开展社会综合治理,方能取得成效。

安防教育

年　　　级：初中二年级
方案设计者：沈建林

设计思想

通过活动,学生能了解自救知识,掌握相关的逃生、救护技能;教育学生遇事要沉着冷静,充分了解身边的环境,及时做出正确的决定,克服困难,维护自己和他人的生命安全。

学情分析

初二学生对外界的社会和环境了解较少,当出现灾难时无所适从、惊慌失措,需要教师、家长的教育和指导;也需要通过相关的实践训练,掌握逃生、自救技能。

活动目标

情感目标　让学生了解科学知识,培养他们热爱学习、热爱生活的感情。

能力目标　使学生了解自救的基本知识,掌握相关的逃生和救护技能。

认知目标　让学生初步了解和掌握自救知识和逃生方法。

重点难点

重点　让学生学会地震和火灾逃生方法和技能,学会人工心肺复苏技术、技能和灭火器的使用方法。同时,在任何时刻,都要增强安全、自保意识。

难点　使学生掌握人工心肺复苏技能。

活动准备

各校提前分组,并选好组长。检查所使用的灭火器材。

安全事项

人工呼吸演练时,确保安全、卫生;地震逃生演练时,要防止踩踏事件,注意上下楼梯的安全;灭火器使用时,一定要在上风使用和观看,防止烫伤。

活动过程

一、学习地震自救技能

1. 观看地震视频。(10分钟)
2. 讲解地震自救方法。(10分钟)

震后很有可能有余震,而且余震的位置未必是震源很近的位置。所以学习自救是地震后很重要的措施之一。

地震发生时,至关重要的是要保持清醒的头脑和镇静自若的态度,这样才能运用平时学到的地震知识判断地震的大小和远近。

近震常以上下颠簸开始,之后才左右摇摆。远震却少上下颠簸感觉,而以左右摇摆为主,而且声脆,震动小。

一般小震和远震不必外逃。若能掌握自救、互救技能,就能使灾害降到最低限度。地震自救方法,总结起来有以下几点:

(1) 保持镇静在地震中十分重要。有人观察到,不少无辜者并不是因房屋倒塌被砸伤或挤压伤致死,而是由于精神崩溃,失去生存的希望,乱喊、乱叫,在极度恐惧中"扼杀"了自己。这是因为,乱喊乱叫会加速新陈代谢,增加氧的消耗,使体力下降,耐受力降低;同时,大喊大叫,必定会吸入大量烟尘,易造成窒息,增加不必要的伤亡。

正确态度是,在任何恶劣的环境中,始终要保持镇静,分析所处环境,寻找出路,等待救援。

(2) 止血、固定。砸伤和挤压伤是地震中常见的伤害。开放性创伤,外出血应首先止血,抬高患肢,同时呼救。

对开放性骨折,不应做现场复位,以防止组织再度受伤。一般用清洁纱布覆盖创面,做简单固定后再做运转。

不同部位骨折,按不同要求进行固定。并参照不同伤势、伤情进行分类、分级,送医院进一步处理。

(3) 妥善处理伤口。挤压伤时,应设法尽快解除重压。遇到大面积创伤者,要保持创面清洁,用干净纱布包扎创面。怀疑有破伤风和产气杆菌感染时,应立即与医院联系,及时诊断和治疗。对大面积创伤和严重创伤者,可口服糖盐水,预防休克发生。

(4) 防止火灾。地震常引起许多"次灾害",火灾是常见的一种。应尽快脱离火灾现场,脱下燃烧的衣帽,或用湿衣服覆盖身上,或卧地打滚,也可用水直接浇泼灭火。切忌用双手扑打火苗,否则会引起双手烧伤。如被烧伤,需用消毒纱布或清洁布料包扎后,送医院进一步处理。

(5) 同时要预防破伤风和气性坏疽,并且要尽早深埋尸体,注意饮食饮水卫生,防止大灾后的大疫。

(6) 最新自救建议:不要躲在桌子下。这是因为建筑物天花板因强震倒塌时,会将桌床等家具压毁。人如果躲在其中,后果不堪设想。如果人以低姿势躲在家具旁,家具可以先承受倒塌的物体,缓冲向下的压力,让一旁的人取得生存空间。

二、掌握地震逃生技能

1. 播放逃生视频。(10 分钟)

2. 讲解逃生演练过程及注意事项。(10 分钟)

(1) 在操场或室外时,可原地不动蹲下,双手保护头部,注意避开高大建筑物或危险物。

(2) 不要回到教室中去。

(3) 震后应当有组织地撤离。

3. 地震逃生演练。(20 分钟)

三、学习人工心肺复苏技术

在地震自救过程中,当遇到心脏、呼吸骤停的受灾者时,需要用人工心肺复苏技术救援。

1. 人工心肺复苏技术要领。

（1）观察周围情况,判别心搏骤停的可能原因,再观察患者有没有意识,并检查有没有脉搏。

（2）让患者头后仰,抬小领,让气道打开,检查患者有没有呼吸(图74)。

（3）口对口往患者嘴里吹两口气(图75)。

图74 检查

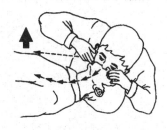
图75 吹气

（4）找准人工按压位置,在胸部正中,两乳头之间,按下4至5厘米再放松,按压30次(图76)。

2. 观看人工心肺复苏技术视频。(10分钟)

3. 学生互动练习,初步掌握技术要领。(50分钟)

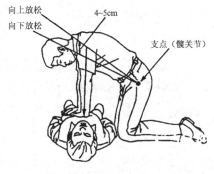
图76 按压

四、学习火灾安全逃生技能

1. 了解火灾安全逃生知识。(10分钟)

（1）每个办公室或房间的门后都有相应的安全疏散示意图,如遇紧急情况可按照其指示,快速到达安全出口;如处于高层建筑中,在遇到火灾后,不应使用电梯,因为电梯可能因断电而受阻,导致被困。最好的方式是选择楼梯。

（2）每幢高层建筑在每层楼梯处均会设立火灾显示系统。可以通过此系统了解到是哪层楼失了火,以便采取相应的措施。

（3）据调查统计,死于火灾的人,70%左右是被烟熏死或呛死的,所以在火灾中,如何减少吸入有毒烟气是非常重要的。遇火灾时,应及时就近找到水源,用布湿水后,捂住口鼻。如需穿过火墙时,应将全身衣物淋湿,以减小因衣物着火而对身体造成的伤害。

（4）如烟雾很大时，应采用匍匐前进的方式，尽量贴近于地面。因为烟雾轻于空气，一般浮于通道或房间的上方。

（5）如失火时，身处二、三楼，而无法选择通道下楼时，可选择排水管或其他可攀爬物体和设备，也可利用室内的物品（如床单、绳索等）结绳自救。如情况紧急也无可用之物时，可抓住栏杆或窗沿，使身体垂直于地面，自由落体而下。这样可降低所跳的高度，以减小对身体的伤害。

（6）如在逃生中遇到门时，在不清楚的情况下，不要轻易打开，有可能火正在这扇门的背后熊熊燃烧。可先用手触摸一下门把手，如果温度较高，不要轻易打开，以免导致火势蔓延。

（7）防止引火烧身。在火灾现场，如果身上着了火，不能随便奔跑。因为奔跑时会形成一股小风，大量新鲜空气冲到着火人身上，就会像给火炉扇风似的，越烧越旺。着火的人到处乱跑，还会把火带到其他场所，引起新的燃烧点。

身上着火时，一般总是先烧着衣服，这时最要紧的是设法先将衣服脱掉。如果来不及脱衣服，也可卧倒在地上打滚，把身上的火压灭。若有其他人在场，可向着火人身上浇水，将燃烧着的衣服脱下或撕下。

2. 掌握灭火器的使用方法。（20分钟）

灭火器主要有以下几种：干粉灭火器、泡沫灭火器、二氧化碳灭火器和推车式干粉灭火器。因此有必要对各类灭火器的使用方法分类介绍。

（1）干粉灭火器的使用。

干粉灭火器主要适用于扑救各种易燃、可燃液体和易燃、可燃气体火灾，以及电器设备火灾。

① 右手拖着压把，左手拖着灭火器底部，轻轻取下灭火器。

② 右手提着灭火器到现场。

③ 除掉铅封（图77）。

④ 拔掉保险销（图78）。

⑤ 左手握着喷管，右手提着压把（图79）。

图77　除铅封

图78　拔保险销　　　　　图79　喷射干粉

⑥ 在距离火焰两米的地方,右手用力压下压把,左手拿着喷管左右摆动,喷射干粉覆盖整个燃烧区。

（2）泡沫灭火器的使用。

主要适用于扑救各种油类火灾、木材、纤维、橡胶等固体可燃物火灾。

① 右手拖着压把,左手拖着灭火器底部,轻轻取下灭火器(图80)。

② 右手提着灭火器到现场。

③ 右手捂住喷嘴,左手执筒底边缘(图81)。

④ 把灭火器颠倒过来呈垂直状态,用力上下晃动几下,然后放开喷嘴(图82)。

图80　取灭火器

图81　正确握法　　　　　图82　喷射泡沫

⑤右手抓筒耳，左手抓筒底边缘，把喷嘴朝向燃烧区，站在离火源8米的地方喷射，并不断前进，兜围着火焰喷射，直至把火扑灭。

⑥灭火后，把灭火器卧放在地上，喷嘴朝下。

（3）二氧化碳灭火器的使用。

主要适用于各种易燃、可燃液体、可燃气体火灾，还可扑救仪器仪表、图书档案、工艺器和低压电器设备等的初起火灾。

①用右手握着压把。

②用右手提着灭火器到现场。

③除掉铅封。

④拔掉保险销。

⑤站在距火源两米的地方，左手拿着喇叭筒，右手用力压下压把。

⑥对着火源根部喷射，并不断推前，直至把火焰扑灭。

（4）推车式干粉灭火器的使用。

主要适用于扑救易燃液体、可燃气体和电器设备的初起火灾。本灭火器移动方便，操作简单，灭火效果好。

①把干粉车拉或推到现场。

②右手抓着喷粉枪，左手顺势展开喷粉胶管，直至平直。不能弯折或打圈（图83）。

图83 取喷粉枪

③除掉铅封，拔出保险销（图84）。

④用手掌使劲按下供气阀门。

⑤左手持喷粉管托，右手把持压把，用手指扣动喷粉开关，对准火焰喷射。不断靠前左右摆动喷枪，把干粉笼罩住燃烧区，直至把火扑灭止（图85）。

3. 播放灭火器的使用视频。使学生有一个感性认识，并加深对使用方法的记忆。

4. 灭火器分组演练。（30分钟）

图 84　拔保险销

图 85　喷粉

五、课后随感

1. 教育本身是为了培养学生优良的、全面的素质，而不是单纯灌输科学文化知识。开展安全教育可以提高中小学生的素质，为学生的健康成长和全面发展创造良好的外部环境和文化氛围。

2. 中小学生是祖国的未来，无论在什么复杂的环境下，一定要懂得怎样不遭受侵害，懂得怎样保护自己，头脑中要时刻绷紧安防这根弦，这样才能战胜突如其来的灾害，将来才能担负起振兴中华民族的重任。

3. 地震和火灾给人类的生命及财产能造成巨大的损失，是不可抗拒的自然灾害。但是如果具备灾害发生前的紧急预案措施和发生后的基本自救常识，就能把损失降低到最低限度。

4. 当前中小学生的消防安全意识淡薄，缺乏消防常识和自救逃生技能，遇到灾难发生时，由于没有掌握简单的救灾和自救常识及能力，往往丧失了逃生的最佳时间，最终被灾魔无情地吞噬。因此，在学生中普及消防安全知识，增强学生的抗震、灭火等技能和逃生、自救、互救本领，是不可忽视的。

勇敢者之路

年　　　级：初中二年级
方案设计者：谢承斌　徐伟

教学目标

通过拓展活动系统的课程学习体验，学生能改善心理状态，建立良好的人际关系，养成积极乐观的生活态度；认识自身潜能，增强自信心，树立相互配合、相互支持的团队精神。

重点难点

通过体验，学生能提高社会适应能力（群适能），产生积极、高效的个人行为和规范的团队行为；提高心理健康水平（心适能），具备积极的人生态度，良好的沟通能力，精诚团结的精神。

安全防范

1. 场地安全：① 场地尽量选择在独立的区域。② 选择符合国家标准的材料。③ 杜绝在无人指导下攀爬。

2. 器械安全：① 严格执行器械淘汰要求。② 安全使用辅助器械。③ 由教官和班主任协助组织，注意控制好前后学生之间的距离及上桥人数，严禁在桥上逗留、嬉戏和干扰他人活动。④ 教师要示范自救动作，防止学生万一落桥后出现紧张害怕的情绪。

活动过程

一、活动内容

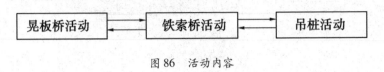

图86　活动内容

二、组织教学

两列横队,教师讲解动作要领,并示范万一落桥后的自救方法;学生依次进行体验。

1. 晃板桥活动。(15分钟)

组织方法:两列横队,每组55人左右,由教官和班主任协助组织,注意控制好前后学生之间的距离及上桥人数(不超过8人)。严禁在桥上逗留、嬉戏和干扰他人活动。

动作要领:体验者可手扶钢链,在晃动的板桥上行走,控制自身重心,从项目一端到达另一端。

项目目的:培养学生的动态平衡能力和灵活协调的技巧。

2. 铁索桥活动。(25分钟)

组织方法:两列横队,每组55人左右,由教官和班主任协助组织,控制好前后学生之间的距离及人数(最多不超过8人),脚踩不同铁链依次通过。

动作要领:体验者手扶钢链,脚踩铁索,保持平衡,顺利到达彼岸。

项目目的:锻炼臂力,提高身体灵活性、平衡感及协调性,增强克服恐惧的勇气,培养坚持到底的意志品质。

3. 吊桩活动。(20分钟)

组织方法:两列横队,每组55人左右,由教官和班主任协助组织,行进过程中不可剧烈晃动,保持平衡,过桥人员不超过5人。

动作要领:体验者手扶钢链,脚踩吊桩,克服因人体重力引起的摇晃,匀速移动到下一钢桩上,从项目一端到达另一端。

项目目的:锻炼臂力和腿部力量,增强四肢协调能力。增强克服困难的勇气和毅力,获取游戏带来的快乐。

三、教学要求

1. 布课时找最先挑战的学生参与,边演示边讲解,语言精练,重点突出,逻辑清楚。

2. 在"挑战基于选择"基础上,鼓励所有的学生参与。

3. 按照成功导向的方法进行鼓励和心理辅导。

4. 保护人员与挑战学生互相配合,教师利用"三角移位法则"做全面观察与协调。

5. 认真观察学生反应,利用心理学的辅导方式给予学生适时、正确的鼓励,保持学生的挑战积极性。

四、分享体会(10分钟)

对所有完成任务的学生给予鼓励。鼓励每一名学生讲一讲自己的感受,鼓励未能完成的学生,表扬表现突出的学生。

通过体验活动,让学生谈谈如何搞好团队合作、加强自信和互信等问题。

根据学生的发言情况,做归纳分析;对学生未讲清的内容,做相应的补充。

五、活动总结

老师:同学们能在挑战过程中克服恐惧,勇于尝试,战胜自我,最终取得成功,值得鼓励(用掌声鼓励)。

大家在面对困难时能互相帮助、互相提醒,体现出了很好的团队意识和互助精神。

希望回去以后,能把这些好的品质继续用到生活和学习中去,面对困难和挫折绝不轻易放弃,以积极的态度去面对生活和学习。

六、课后反思

针对学生挑战失败落水的问题,教师在强调学生自救的同时,必须加强对学生徒手能力的教学,以提高学生的帮救反应速度,确保万无一失。

活动时,给学生准备好一副手套,可以避免学生滑落后手皮被磨破的情况发生。

加强对学生的纪律管理,要求学生克服心浮气躁的毛病,严格要求按教师要求完成动作,能更好地避免学生挑战时落入水中。

七、活动实录

图 87～91　活动留影

拓展 打靶

年　　级：初中二年级
方案设计者：谢承斌　徐　伟

教学目标

通过系统的课程学习和体验，学生能改善心理状态，建立良好的人际关系，养成积极乐观的生活态度。

运用适宜的方法调节学生的情绪，让他们在体验中获得乐趣和成功的感觉，表现出良好的道德和合作精神。

重点难点

通过体验，学生能提高社会适应能力，产生积极高效的个人行为、规范的团队行为；提高心理健康水平，具备积极的人生态度，良好的沟通能力，精诚团结的精神。让学生体验后分享快乐。

安全防范

1. 场地安全：① 场地尽量选择在独立封闭的区域。② 选择符合国家标准的材料，或钢制或木质的场地设施。③ 杜绝在无人指导下攀爬。

2. 器械安全：① 严格执行器械淘汰要求。② 安全使用辅助器械。③ 使用器械前严格检查。

3. 安全管理：① 体验之前确定体验者无严重外伤、病史或严重心脑血管、慢性病并发症，或医生建议不适合做此类活动项目者。② 活动之前认真检查穿戴、物件，要进行多遍检查。

组织教学　活动过程

一、活动内容

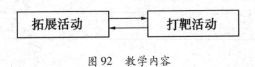

图92　教学内容

二、师生活动

顺序：分组轮换。

1. 拓展。

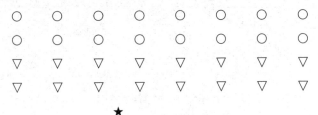

图93　拓展队列图

（说明：★代表老师位置；○与▽代表学生位置）

四列横队，每组15人左右。注意控制好前后学生之间的距离，依次进行体验活动，完成体验活动后，由器械两侧回到排尾。教师适时提醒、鼓励，并奖励成绩突出者。

学生依次有序地进行拓展体验。在活动过程中，保持安静，加油呐喊要文明，进行公平"竞争"。

体验完毕按序退回，排队，耐心等待。

2. 打靶活动。

图94　打靶队列图

（说明：★代表老师位置；○代表学生位置）

八路纵队，每组7人左右，听教师口令依次进行射击练习，完成练习的同学听教师"起立"口令后,统一由队伍右侧返回排尾,整个练习过程中尽量保持安静。

图95 射击比赛

3. 射击比赛(图95)。

每组推荐一位学生进行射击,开展比赛:依次打向靶位,打中多者为"射击王"。

三、活动要求

1. 布课时找最先挑战的学生参与,边演示边讲解。语言精练,重点突出,逻辑清楚。

2. 在"挑战基于选择"的原则基础上,鼓励所有的学生参与活动。

3. 按照成功导向的方法,对学生进行鼓励和心理辅导。

4. 保护人员与挑战学生互相配合,教师利用"三角移位法则"全面观察与协调。

5. 教师关注保护组与体验者之间的协调过程。

四、回顾总结

1. 对所有完成任务的学生给予鼓励。

2. 鼓励每一名学生都讲一讲自己的感受,并给予肯定。注意在表扬表现突出的学生的同时,鼓励完成任务不够成功的学生。

3. 谈谈如何搞好团队合作、自信和互信,在什么情况下能够增加信任等问题。

4. 做归纳总结,补充相关内容。

五、活动反思

1. 进行器械活动时,要加强学生的安全教育,同时要增强保护措施,这样才能确保学生不受任何伤害。

2. 活动中,要求学生文明观看,学会欣赏比赛的礼仪。让学生获得活动之外的收获。

3. 教师加强对学生心理素质的训练,能提高射击的命中率,提高战胜困难的信心和毅力。

钉 纽 扣

年　　　级：小学五年级

方案设计者：俞　莺

设计思想

通过学习与实践，学生能了解纽扣的有关知识，弘扬传统文化；了解纫针、打线结、钉纽扣的方法，学会利用合适的针和线钉纽扣。

在劳动实践中，培养学生仔细观察身边事物的能力，培养学生收集资料进行探究性学习的能力和做事认真的良好习惯；增强学生的动手操作能力和独立生活能力。

学情分析

在现代家庭中，学生能主动劳动的约仅占四分之一。大多数学生都过于依赖家长；而家长也乐于包办一切，使孩子自理能力较差。所以，培养学生自己的事情自己做，从小养成良好的劳动习惯，增强自我服务能力，是十分必要的。

活动目标

情感目标　使学生热爱学习、热爱生活，从小养成爱劳动的好习惯。

能力目标　增强学生的动手操作能力、思维能力和独立生活能力。

认知目标　使学生了解纽扣的有关知识，弘扬传统文化；了解纫针、打线结、钉纽扣的方法，学会利用合适的针和线钉纽扣。

重点难点

重点　使学生能初步掌握单眼扣、双眼扣、四眼扣的钉纽扣方法。

难点 让学生学会穿针、打结、钉纽扣的方法。

活动准备

准备好剪刀、针、线、布、纽扣等钉纽扣需要的工具和材料。

安全事项

① 引线时,缝针小心碰到别人。② 缝钉时,注意别扎在自己手上。③ 剪刀用完后,放在桌子中间,以便其他同学能拿到。④ 用完的缝针要放回原来的盒子里,不能随意乱丢。

活动过程

一、导入活动

先出示各种纽扣。然后用简要的语言导入活动,引发学生的学习兴趣。

老师:纽扣不仅用于扣住衣服,也是一种装饰。如果一件衣服掉了一粒纽扣,不仅衣服扣不上,整件衣服的形象也不好看。一般情况下,大家都依靠大人或拿到缝纫店里缝补衣服、纽扣之类。其实,缝补活很简单,如果学会了,以后碰到落掉纽扣就小事一桩了。

接下来,我们来学习怎样缝补纽扣。

二、准备工作

老师:取出剪刀、缝针、线,在钉纽扣前先要完成穿针、引线、打结等准备工作。

1. 穿针:将线头穿入针孔针。穿孔前可用手指将线头捻细。
2. 引线:把穿过针孔的线头向外引出,将两个线头拉齐。
3. 打结:在线头上绕一圈打一个疙瘩,在缝扣时起到固定线头作用。

三、介绍钉纽扣方法

1. 单眼扣:主要用于带脚纽扣。带脚纽扣是指纽扣背面有手缝线小孔的纽扣。式样丰富,多为装饰性纽扣。有些"腿脚"并不明显的纽扣,也属此类。

下面是钉带脚纽扣的具体方法:

(1) 在钉纽扣位置的中心处挑一针。

（2）手缝针从纽扣背面的小孔中穿出（图96）。

（3）在最初针孔的位置再次入针。此时,纽扣和衣料之间预留1厘米的间隙（图97）。

（4）重复步骤（1）至（2）2～3次。将线在纽扣与布料之间缠绕1～2圈。

（5）将针从布料背面穿出,打好止缝结。

2. 双眼扣：钉双眼扣的方法和单眼扣基本相同。

（1）在钉纽扣位置的中心处挑一针,然后如图（图98）操作。

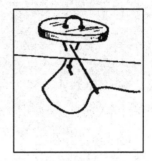

图96　钉纽扣（1）　　　图97　钉纽扣（2）　　　图98　钉纽扣（3）

（2）手缝针从背面的小孔穿出。再经过另一个小孔穿回背面。

（3）在最初针孔的位置再次入针。

（4）重复步骤（1）至（2）2～3次。

（5）将线在纽扣与布料之间缠绕1～2圈,在纽扣的中心再扎一针,打好止缝结。

3. 四眼扣：有双孔平行和十字交叉两种方法。

下面详细介绍第一种方法：

（1）在钉纽扣位置的中心处挑一针。

（2）手缝针从纽扣背面的小孔中穿出。

（3）将针从穿出孔旁边的孔中穿入,再穿入下面的衣料（图99、图100）。从衣料下方拉线时,在纽扣和衣料之间预留3mm的间隙。

（4）缝线在两个孔中间进出3～4次后,用同样的方法在另外两个孔中穿线（图101）。

（5）用线将纽扣与衣料之间的缝线束紧,从上到下缠绕3～4圈

(图102)。

(6) 绕最后一圈时,让针从线圈穿过。

(7) 稍稍用力拉紧缝线圈,打好止缝线。

"十字交叉法"就是线交叉状缝制纽扣,穿线方法与双孔平行法类同。多用于装饰性纽扣。

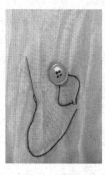   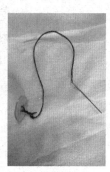

图99　钉纽扣(4)　　图100　钉纽扣(5)　　图101　钉纽扣(6)　　图102　钉纽扣(7)

四、学生钉纽扣

十人一组,纽扣若干,布条十块,缝针十根,线团十个。学生动手练习钉纽扣,老师出示一些作品提供参考。

五、活动小结

1. 展示一些学生所钉的纽扣,表扬和鼓励学生。

2. 小结本次活动(根据具体情况做小结)。

六、活动拓展

1. 帮助父母做一些钉纽扣之类的家务活。比如浇花、扫地、拖地板、淘米、烧饭等,与父女做一次心与心的交流。

2. 走出家中,为敬老院、街道、社区做一些力所能及的事情,养成热爱劳动、关心别人的良好品质。

包 馄 饨

年　　　级：小学五年级

方案设计者：俞　莺

设计思想

馄饨是江南地区的美食之一。学生对馄饨较为熟悉,但对馄饨的制作过程和蕴含的传统美食文化大多不够熟悉。

通过活动,学生能学会包馄饨的传统技术和领悟包馄饨的家乡风情,培养学生的动手操作能力。

学情分析

现代家庭对独生子女十分宠爱,中小学生大多过着"衣来伸手,饭来张口"的日子,孩子对家政缺乏认识,对江南独有的包馄饨技术不甚了解。

包馄饨是日常生活中的小事,活动可以引导学生关心家政,培养孩子的动手、动脑能力;同时可培养学生从小事做起、孝敬父母、勤俭治家等良好品德。

活动目标

情感目标　让学生感知家乡的美食文化和浓厚的生活气息,感受江南水乡生活风情,感受生活情趣。

能力目标　让学生知道包馄饨的步骤和需要的配料,在动手实践中经历包馄饨的过程,体会到亲手制作美食的乐趣。

重点难点

重点　让学生学会包馄饨的方法,了解包馄饨的过程。

难点 让学生明确包馄饨的顺序,掌握包馄饨的技术。

活动准备

材料 馄饨皮、大白菜、肉、葱、盐、味精、食用油。

工具 碗碟、托盘、筷子、勺子、锅灶。

安全事项

① 点燃煤气时,当心被火焰烧伤。② 馄饨倒入开水中时,小心开水溅到脸上或手上。③ 用勺捞馄饨时,小心被锅沿和蒸汽烫伤。④ 避免学生抢勺子盛馄饨,以免锅子打翻,导致烫伤事故。

活动过程

一、导入活动

老师:同学们,你们吃过馄饨吗?谁包的?现在我们要亲自体验包、煮、尝馄饨的过程。学会了这门技术,你就可以在家中露一手,品尝到自己的劳动成果了。

学生讨论,回答问题。

老师:下面我开始包馄饨。同学们要认真听好老师安排,做到仔细看、认真听、守安排。馄饨包好后,还要开展比赛,最后要评出几个动手能力最强的学生。

二、开展活动

(一) 做馄饨馅。

1. 洗菜。

教师向学生讲清洗菜的方法和注意点。请2~3名学生回答。

总结:先掰下大白菜叶,然后从叶根开始清洗,逐步到菜叶,一片一片洗干净,放在另一个盘里。

每组派4名学生洗菜,跟班老师一起巡回指导。

洗完菜后,请两名学生把菜送食堂做成馅。

2. 洗碗。

教师讲解怎样把碗洗干净。老师先示范一遍,再请1~2名学生演示一下,然后派2名学生洗。

(二)包馄饨。

1. 教师讲解馄饨包法:把皮子放入手心;另一手用筷子夹住馅心,放到皮子中央。把皮子对折,再对折(让馅留在中间部位)。然后将两角粘住。

2. 集体开始动手包馄饨,带班老师一起辅导学生。

3. 在包馄饨过程中,展示2~3名学生的馄饨,技术好的和技术差的都展示,分别进行表扬与鼓励。对比后提出建议,让更多的学生包得更好。

(三)煮馄饨。

1. 锅中放1/3锅水,点火烧开。

2. 小心放入馄饨。

3. 盖上盖子,烧开。

4. 煮沸后加半碗冷水,盖上盖子再煮。重复两次。

5. 待馄饨浮上水面(已熟)后关火。

特别注意:在煮的过程中人绝不能离开,防止煮沸后汤水溢出。

(四)吃馄饨。

1. 由两名学生清理桌子。

2. 派一名学生盛馄饨,另一名端馄饨。

3. 品尝馄饨。

(五)整理。

1. 清洗碗碟、托盘、筷子、勺子、锅灶等。

2. 整理、擦拭干净灶台、桌子。

3. 打扫地面。

(六)教师总结活动。

包 饺 子

年　　级：初中二年级
方案设计者：谢承斌

设计思想

以培养学生的创新精神和实践能力为重点,以昆山传统文化和现代生态农业为延伸,让学生学会包饺子的传统技术和领悟包饺子的乡土风情。培养学生动手操作能力。

学情分析

现代家庭对独生子女的宠爱,使孩子对家政缺乏认识。包饺子活动除能培养孩子的动手能力外,还能让学生感受浓浓的生活气息。学生喜欢吃美食,但对美食文化却缺乏认识;包饺子能让他们接受传统文化的熏陶。

活动目标

情感目标　让学生感受浓厚的生活的气息和丰富的生活情趣,培养学生热爱劳动的感情。

能力目标　让学生知道包饺子的步骤和需要的配料,体验包饺子的过程,品尝与饺子一样美味的劳动成果。

认知目标　让学生感受到劳动之美、生活之美。感恩父母,珍惜劳动成果。

重点难点

重点　让学生学会包饺子、煮饺子的方法,培养他们的家政能力。

难点　让学生学会饺子馅的制作、包饺子的技术。

活动准备

材料　饺子皮、大白菜、肉、葱、盐、味精、食用油。

工具　碗碟、托盘、筷子、勺子、锅灶。

安全事项

煮饺子时,要守在火炉旁,防止汤料溢出;盛饺子时要小心,当心手被烫着。

活动过程

一、导入活动

1. 教师活动。

讲解:包饺子、吃饺子是中国人特有的民俗传统,特别是北方居民更是热衷于这种食品(图103)。

饺子形状独特、皮薄馅嫩、味道鲜美、营养丰富,深受人们喜爱。这堂课让我们学习一下怎样包饺子。

图103　包饺子

2. 学生活动。

老师给学生讲有关饺子的民间传说、故事等,讲吃饺子的习俗(代表发言)。

二、探究历史渊源

老师：对于饺子的来历，史料记载和民间传说颇多。相传，饺子原名"娇耳"，是我国医圣张仲景首先发明的。

相传东汉末年，曾任长沙太守、后辞官回乡的张仲景正好赶上冬至这一天，他看见南洋的老百姓饥寒交迫，连两只耳朵都冻伤了；当时又值伤寒流行，病死的人很多，非常心痛。

张仲景便在当地搭了一个医棚，支起一面大锅，煎熬羊肉、辣椒和祛寒提热的药材，用面皮包成耳朵形状，煮熟之后连汤带食赠送给穷人。

老百姓将这种"药材"从冬至吃到除夕，不仅抵御了伤寒，还治好了冻耳。从此乡里人就模仿着制作，并称之为"饺耳"或"饺子"。

饺子因用馅不同，名称也五花八门，有猪肉水饺、羊肉水饺、牛肉水饺、三鲜水饺、红油水饺、高汤水饺、花素水饺、鱼肉水饺、水晶水饺等。烹饪方法也不同，有煎饺、蒸饺等。

渐渐地，大年初一吃饺子就形成了一种节庆食俗。吃味道鲜美的饺子，在精神和口味上都是很好的享受。

三、学习饺子制作方法

通过师生互动学会包饺子，让学生品尝中华美食的佳味，并体验劳动的乐趣。

1. 教师活动：边演示，边讲解，向学生传授饺子的制作过程和包制方法。

（1）和面：温开水一杯，水里放些许盐，面粉里放鸡蛋一个。水要慢慢倒入盆中，筷子不停搅动。感觉没有干面粉、都成面疙瘩的时候，就可以下手揉了。

揉面要用力，揉到面的表面很光滑就好了。这时面光盆光手光，是最佳境界（图104）。

（2）剁菜：选择你喜欢的蔬菜，一般用大白菜加些许韭菜。韭菜切成小粒，大白菜则要剁碎之后用纱布把水挤干。然后和韭菜一

图104　揉面

起放入肉中搅拌。如果淡再加点盐,馅就做好了。

(3) 拌馅:如果四个人吃,大约一斤肉馅即可。馅里放盐、味精、姜末、酱油、料酒、香油、水(高汤最好),还可以加点胡椒粉。顺时针搅拌,感觉所有的东西都融合在一起即可(图105)。

(4) 擀皮:取出醒好的面团,揉成长条状,用刀切成小段。用手搓成扁平状(图106)。拿擀面杖擀的时候,注意中间厚边缘薄;中间厚防止饺子馅漏,边缘薄吃起来口感好。

图105 拌馅

图106 擀皮

注意:饺子皮不要一下擀很多,看包饺子的速度,一般富余五六个即可,否则时间长皮干了就不好包了。

(5) 包饺子:先将饺子馅放入皮子中央。如果技术不熟练的话,不要放太多馅(图107)。再用手指捏成饺子的模样:先捏中央,再捏两边,然后由中间向两边将饺子皮边缘挤一下(图108),这样饺子下锅煮时就不会漏汤了。

图107 包饺子(1)

图108 包饺子(2)

注意：每个饺子做好后，要在饺子底部沾少许面粉，防止饺子粘在盘子中。

（6）煮饺子：烧一锅开水，等水沸腾时将饺子放入，并及时搅动（顺时针），防止饺子在水中粘在一起。把大火改成小火，加盖煮，等到饺子浮在水面上即可。

2．学生活动。学生在教师指导下进行实践：学包饺子。教师巡回指导。

学生完成包饺子后，在教师的指导下进行烹饪；待饺子煮熟后，品尝自己的劳动成果。

四、活动小结

教师小结包饺子的主要过程、方法和注意点；学生代表发言，谈谈包饺子的感受。

五、活动延伸

学生可以结合自己包饺子的经历，创造性地把包饺子的过程和方法记下来。并写出自己的学习感受，发在自己的博客里，或在同学间交流。

六、成果与反思

通过包饺子活动，学生不仅对中国的传统文化、民俗文化有了一个新的认识，还明白了节约粮食、爱惜粮食的道理。

但是，活动过程中也发现了不少问题，比如孩子们对家政缺乏认识，动手能力差等。因此，应鼓励学生多参与类似的活动，促进学生的全面发展。

七、活动实录

图109　一只饺子包好了

图110　自己包的就是好吃

科学探索

ke xue tan suo

因为寻找
我们的航船已经扬帆
大地在背后
波浪在脚下
邮给父母的是一路阳光

电子积木拼装

年　　级：初中二年级
方案设计者：郑　勇

设计思想

1. 采用探究式的合作教学方法,师生共同创建科学氛围。通过一系列探究活动,让学生体验失败的教训、分享成功的喜悦以及小组合作的乐趣。

2. 通过设计的系列实验活动,让学生动手、动脑、主动探究,从而获得第一手电学资料。

学情分析

中学生对电现象都有不同程度的了解,但对电学相关理论是陌生的。在兴趣方面,学生对电路既好奇,又害怕。好奇的是电有各种奇妙的现象,怕的是"触电";特别是女同学,不敢碰电学器件。

活动目标

情感目标　激发学生热爱科学、勇于探究的精神,培养学生严谨的科学态度和与人合作的精神。

能力目标　培养学生的动手操作能力、观察实验和分析解决问题的能力。激发他们对科学的兴趣。

认知目标　使学生知道电路的基本组成,能根据简单电路图完成电子积木拼装。

重点难点

重点　使学生认识电路的组成、状态和连接方式。

难点 让学生按照实物图完成拼装电子积木,并举一反三,学会其他简单电器的拼装。

活动准备

准备好电子积木拼装的相关零件:导线、灯泡、二极管、三极管、电阻、开关、喇叭等。

安全事项

细小部件较多,注意丢失。塑料元件容易折断,提醒学生要轻拿轻放。

活动过程

一、新课导入

投影:上海东方明珠夜景图。提问:你觉得夜景怎样?美在哪里?

师生讨论后小结:电与我们的生活息息相关,密不可分。

提问:东方明珠用的电是从哪里来的?(发电站)发电站的电是怎样跑到东方明珠的呢?(思考)

二、教师活动

1. 介绍:电子积木就是将导线、灯泡、二极管、三极管、电阻、电容、各种开关、电表、电机、喇叭、集成块等电子元器件固定在塑料片(块)上,像拼积木一样拼装电路组合。

2. 演示:用电子积木按照说明书上完成"1. 电灯(1)"。

3. 师生归纳电路组成及其各元件的作用。

用电源:能够持续向用电器提供电能的装置(实物展示)。用电器:利用电能工作的装置。开关:控制用电器工作。导线:把上述器件连接起来。

三、学生活动

1. 请学生打开说明书,翻至"元件放置图"与实物对照,以便看懂实物图,完成拼装。

2. 发放活动表格(表格如下)。

表1 活动表格

控制方式	序号/活动名称	完成情况
手控	1139/交通指挥灯	是　否
磁控	181/磁控音乐门铃	是　否
声控	1119/声控延时红绿双彩灯	是　否
触摸	1182/触摸断续轻音乐	是　否

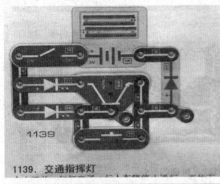

1139. 交通指挥灯

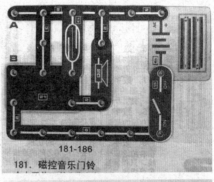

181. 磁控音乐门铃

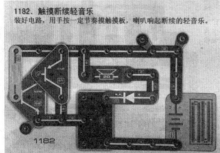

1182. 触摸断续轻音乐
装好电路，用手按一定节奏摸触摸板，喇叭响起断续的轻音乐。

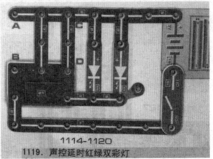

1119. 声控延时红绿双彩灯

图111　电路图

3. 指导学生看懂表格，可选择性地完成作业。教师巡视指导、评价。

四、总结

电学知识应用在生活的各个领域，同学们可以运用掌握的电学知识开展一些小发明、小创造活动。教师应特别提醒学生：不能"玩电"！

音乐储蓄小木屋制作

年　　级：初中二年级
方案设计者：胡　平

设计思想

　　木工小制作是工艺制作与劳动技能相结合的实践活动，它不仅是简单地拼装，在制作过程中还包含了物理学、美学以及劳技的相关知识；不仅能发展学生的动手能力，还能让他们逐渐改变生活、学习的态度。

　　活动的总体思路是：让学生初步感知木工小制作的过程，培养兴趣，发展能力。兼顾创新。

　　在内容的选择上贯穿一个主题：制作学生感兴趣的木工小作品。在方法上通过观察与实践相结合，实现从认知到技能培养到情意熏陶的发展。

学情分析

　　木工小制作是传统与现代艺术相结合的创造性活动，学生比较感兴趣。学生第一次进行制作会遇到一些困难，但音乐储蓄小木屋制作的步骤明确，学生都能很快地掌握基本方法。音乐储蓄小木屋制作比较细致，有利于培养学生各方面的能力。

活动目标

　　情感目标　培养学生耐心细致的意志品质；以培养学生的审美情趣为基础，渗透工艺美术教育。

　　能力目标　通过制作活动，培养学生的动手操作能力和创新能力。

　　认知目标　让学生初步感知木工小制作的特征，学会木工小制作的初步方法，能根据自己的爱好完成制作。

重点难点

重点 让学生独立掌握木工小制作的基本操作方法,在完成作品制作的同时培养审美情趣及劳动兴趣。

难点 让学生在耐心、细致地完成作品制作的同时,发展良好的意志品质。

材料、工具

准备好分割好的三合板、美工刀、百得胶、502胶水、尺、铅笔、砂皮、杵刀、锤子、老虎钳、尖嘴钳。

安全事项

① 使用美工刀时不要太用力,以免用力过猛划破手。② 使用胶水时要耐心,不要急躁。特别在使用502胶水时,尽量不要粘在皮肤上,要细心。③ 在使用钳子、锤子时,尽量不要用力过猛。④ 同学之间的座位要保持距离,彼此不受干扰,避免伤到对方。

活动过程

一、演示活动

用课件导入活动,让学生初步了解木工小制作的过程及相关程序。

二、木工小制作的工具介绍

1. 使用美工刀时,要求刀片与三合板垂直,用力由轻慢慢加重。但也不能过分用力。

2. 使用百得胶水时,先涂匀,等胶水基本干了后再进行黏合;使用502胶水时,手要离接合处远一点,谨防胶水粘手。

3. 使用钳子时,根据自己的使用习惯使用;锤子使用时,掌握用力从轻到重的原则。

4. 使用砂纸时,三合板与砂纸面要垂直,用力要用适当、均匀。

5. 使用锯子时,尽量垂直,用力要从轻到重。

三、音乐储蓄小木屋的制作

1. 墙体的制作。

（1）老师出示 PPT，讲解墙体制作的步骤与方法（图112、图113）。

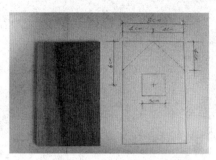
图112　墙体制作（1）

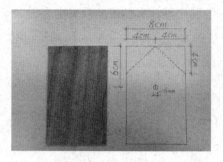
图113　墙体制作（2）

① 定好应裁去的尺码。

② 用美工刀与钢刀配合进行裁割（裁割时注意用力均匀）。

③ 在老师的帮助下钻小孔。

④ 先装音乐发生器。

⑤ 最后把裁好的两块墙体板与另外两块侧面墙体板黏合在一起。

（2）学生制作。学生在制作时，教师给予相应的指导。

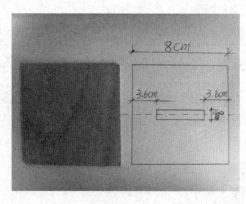
图114　屋顶制作

2. 屋顶的制作。

（1）老师出示幻灯片，讲解屋顶的制作，如图114所示：

注意投币口的制作。用螺丝刀与锤子一起完成。

① 制作发条器。

② 制作风叶。

③ 整体组装。

（2）学生进行制作。学生在制作时，教师做相应的指导。

3. 风车的制作。

（1）老师出示幻灯片，讲解制作的过程与方法。如图115所示。

（2）学生进行制作。

图 115 风车制作

4. 墙体及屋顶的安装。

（1）老师出示幻灯片,讲解制作的过程与方法。

（2）学生进行制作。

5. 音乐储蓄小木屋底座的安装。

（1）老师出示幻灯片,讲解制作的过程与方法。

（2）学生进行制作。

四、作品的整理及收集、拍摄、存档

学生整理好自己制作的作品,并将它们拍成照片,当作学习成果保存起来。

五、整理材料和工具

按要求将工具归位、登记、整理学生拍摄的作品。进行必要的电子保存,在基地网站上展示学生的优秀作品。

六、课后随感

1. 在小木屋完成后,可以增加墙体的装饰(利用废弃材料)。具体操作时,要讲明如何利用材料。这样就从简单设计提升到了艺术造型的高度。

2. 如果有条件,可以用卡接式、斗拱来搭建小木屋。这样从制作中可以了解古代人利用物理学进行建造的工艺。

小车模型制作

年　　　级：初中二年级
方案设计者：胡　平

设计思想、学情分析、活动目标(同《音乐储蓄小木屋制作》)。

材料、工具

1. 制作工具：美工刀、百得胶、502 胶水、尺、铅笔、砂皮、杵刀、锤子、老虎钳、尖嘴钳等。

2. 制作材料：加工后的半成品车身一个，车轮四个，前轴一个，长轴电机一个，小配件。

安全事项

① 学生在使用锯子时，要戴好棉手套。② 焊接时，一定要在老师的帮助下进行。

活动过程

一、木工小制作工具介绍

介绍相关的制作工具。尤其注意尖嘴钳的使用：一般用右手操作，使用时握住尖嘴钳的两个手柄，开始夹持或剪切工作。使用胶水时，防止损害手面的皮肤。使用美工刀、老虎钳、尖嘴钳时，小心弄伤手指。

二、小汽车的制作过程

1. 车体的制作。

(1) 老师出示 PPT，讲解车体的制作。

① 首先把半成品车体加工成自己喜欢的车型。然后用锯子锯去多余的部分，锯好后用砂皮平锉打磨。

② 提醒学生在使用锯子时,注意用力均匀、要用巧劲。

③ 教师示范:先用铅笔画图形。再沿着画好的线条均匀地用锯子锯割。然后用砂皮纸打磨,使车体表面光滑。

(2)学生进行制作。

学生在制作时,教师做相应的指导。

2. 电极的制作。

(1)老师出示幻灯片,讲解电极的制作。

首先把铁皮条拿出,剪成一根 30×10×0.10 的长条,再剪一根 30×10×0.10 的长条,然后剪一根 40×10×0.10 的长条,最后再弯两种锯条。

(2)学生进行制作。

(3)教师示范,安装、固定车模。

3. 前轮支架的制作及安装。

(1)老师出示幻灯片:前轮支架的制作。剪一个前轮支架。

(2)学生进行制作。

4. 前、后轮的安装。

(1)老师出示幻灯片,做讲解。主要是示范后轮与电机的安装。

(2)学生进行操作。

5. 小车的安装及调试。

(1)学生在老师的帮助下,用电烙铁做简单的电路焊接。

(2)教师示范拼装。学生自行安装及调试。

三、保存作品

学生整理及收集、拍摄作品,将作品存档。

四、整理材料和工具

五、课后随感

1. 学生动手的同时,可以让他们思考:如何增加车模的性能?如增加动力、减少车轮摩擦力等?以此激发学生的学习兴趣。

2. 在条件许可的情况下,可以组织小组车模比赛。培养学生热爱科学的感情、力争上游的信念。

放飞希望

——风筝制作

年　　级：小学五年级
方案设计者：郑　勇

设计思想

通过学习风筝制作，锻炼学生的动手、动脑能力，培养学生热爱传统工艺和民俗体育的感情。培养学生的耐心和意志力，增强学生的自信心，使他们遇到困难勇于挑战，发挥团结协作精神，放飞希望。

学情分析

小学五年级的学生正处于对自我认识的关键时期，这一时期是人格培养的重要时期。但这一阶段的学生往往缺乏自信，对克服困难信心不足。风筝制作能使学生在亲身体验民间制作工艺的同时，培养战胜困难的意志力，增强自信心。

活动目标

情感目标　激发学生对民俗体育的兴趣，让学生体验成功的喜悦。
能力目标　提高学生的动手能力、空间思维能力。
认知目标　激发学生的团队协作精神。

重点难点

重点　让学生学会风筝的制作方法，掌握风筝简单的放飞要领。培养学生坚强的意志品质。

难点　在活动中培养学生的团队协作精神，让思想由放飞风筝升华到

"放飞希望"。

活动准备

材料　风筝制作套装材料。
工具　透明胶、牙签、安全剪刀。

安全事项

① 用于制作支架的竹签,注意不要用于打闹。② 剪刀使用时不争抢,使用完毕放归原处。

活动过程

一、情境导入

用清代诗人高鼎的古诗《村居》"草长莺飞二月天,拂堤杨柳醉春烟。儿童散学归来早,忙趁东风放纸鸢"导入活动。在学生眼前展现一幅春天儿童在村旁的芳草地上放风筝的图画。

二、教师活动

1. 介绍风筝的历史。

风筝,是中华民族向西方国家传播的科学发明之一。它同我国古代"四大发明"一样,曾为人类的科学事业做出了重要贡献,已被英国学者李约瑟编入《中国科学技术史》。

风筝的起源可上溯到 2000 多年前的春秋战国时期,由于战争的需要,古人以鸟为形,以木为料,制成了可在空中飞行的"木鸢"。

据《韩非子·外储说左》记载:"墨子为木鸢,三年而成,一日而败。"另据《鸿书》记载,鲁班也曾制作过木鸢:"公输班制木鸢以窥宋城。"

从唐朝开始,风筝逐渐变成玩具。到了晚唐,风筝上已有用丝条或竹笛做成的响器,风吹声鸣,因而有了"风筝"的名字。

2. 风筝大类介绍。

(1) 硬翅风筝(图116):这类风筝,硬翅是固定的形式。硬翅范围以外的部分,造型与骨架因题材不同而差异。如北京流行的米字风筝、天津的双喜风筝、潍坊的牛郎织女风筝等。

(2) 软翅风筝(图117)：软翅风筝的升力片用一根主翅条,翅的下端是软性的,没有依附主条。北京的雄鹰风筝就是软翅类。

(3) 串式风筝(图118)：是把数只相同或者不同的风筝像穿糖葫芦似的拴在一根或多根线上放飞的风筝。如蜈蚣、龙、鱼、雁风筝,用软翅节模仿动物习性、形态扎制而成。

(4) 桶形风筝：也称立体风筝。一般采用折叠结构的骨架,由一个或多个圆桶或其他形式组成。如宫灯、花瓶等风筝。

(5) 板子风筝：是平面板型风筝。京津地区叫拍子风筝。江南一带有四边形、正方形、月亮形、八角形、扇子形、控钟形等。

图116 硬翅风筝　　图117 软翅风筝　　图118 串式风筝

3. 风筝制作示范。

(1) 制作骨架：利用套装提供的材料,按照先横后竖的顺序,使用透明胶带粘贴于风筝面上。

(2) 糊制风筝：主要材料以质薄纤维长而均匀、富有韧性、耐湿耐冲击、色泽白而洁者为佳。把纸糊在骨架上,再系上线,风筝就做好了。

(3) 描绘图案：在做好的风筝上涂上喜欢的色彩(图119),镶上花边,或者系上丝带,挂上纸环。但不能影响风筝在空中的飞翔。故附件不能太多了,否则会使风筝飞翔失衡。

图119　涂色

三、学生活动

每个学生自主制作。注意小组内的同学相互帮助。教师巡视、指导。

四、活动小结

学生完成制作后,教师做小结。

讨论放飞风筝的注意点:场地的选择、时间、天气等,特别强调要安全放飞。

五、放飞"希望"

学生在基地场地上分组,放飞心中的"希望"。教师适时进行引导、指点,对出现的情况、问题及时分析和处理。

六、活动拓展

风筝的骨架是用竹子制作的,从广义上讲,风筝也为竹器制作工艺品。竹器是用竹子作材料编制的器具,是人们生活和生产劳动中不可缺少的日常用具。

本地常用的竹器有农具、家庭用具、雨具、渔具等种类。农用的有箅、土墚、稻床、盖(连枷)、竹马、栈条等。家用的有梯、床、榻、椅、橱、篮、筛、匾、摇篮、鸡笼、簟席等。

编制竹器所用的材料主要是毛竹和圆竹。竹匠的基本功有锯、破、削、劈、刮、抽、编、织、钻、磨等。

编制竹器常见的技法有编织、包缠、钉串、盘结等。编织的主要技法有辫编、平纹编、花纹编、轮口编等。

编竹篮是常用的较为简单的竹编技艺。下面简要介绍其编制方法:

先编底部(图120)。确定形状后,用竹篾迭出孔状,并确定孔的大小。以"挑1压1"的方法添加竹篾,使底面向四周展开。

底编好后,插入"戗条",加固篮底。戗条有"十"字、"米"

图120 编竹篮

字等形状。再纵向收身编篮身。

编篮身,先将一侧的竹篾弯起,经向添篾,继续挑1压1。继后转向相邻一侧,直到全部围起。

篮身的编织方式或与底相同,或由花纹编转为平纹编。篮身达到所需高度后,将多余的竹篾折转收口。再加上竹圈,用包缠法做篮口。

最后,用竹片交叉状编制篮档:先将四根竹片分两股,分别从两端插入篮身,直至底部。再将两股竹片缠绕在一起,使中间合并、两端分开。为使其美观,在两边的"人"字豁口横加篾条,交叉缠绕。

有兴趣的学生,可以尝试着编制简单的竹篮、竹箩,亲身体验一下民间竹编工艺的精致巧妙。

还可以深入民间,向长辈请教,学会传统风筝的制作方法。用竹片做骨架,用彩纸做本身,糊出"蝴蝶"、"蜻蜓"等形状的风筝,到野外去放飞。

七、课堂实录

图121　我要涂得漂亮些

图122　放风筝啰

图123　我们一起来

图124　放飞梦想

多米诺骨牌码放

年　　　级：小学五年级
方案设计者：郑　勇

设计思想

通过多米诺骨牌的学习,学生知道骨牌倒下时所产生的推动作用,感知推力作用点不同所产生的效果也不同。培养学生的耐力、意志力和勇于挑战困难的精神。增强学生的自信心。

学情分析

小学五年级的学生正处于对自我认识的关键时期,是人格培养的重要时期。多米诺骨牌游戏,不仅考验参与者的体力、耐力和意志力,还有利于培养学生的智力、想象力和创造力,最大限度地发扬团队精神。

活动目标

情感目标　激发学生对传统文化的兴趣,让他们体验成功的喜悦。
能力目标　提高学生的动手能力、空间思维能力。
认知目标　激发学生的团队协作精神。

重点难点

重点　使学生学会多米诺骨牌的游戏方法。
难点　在活动中培养学生的团队协作精神和不怕失败、勇于挑战困难的精神。

活动准备

材料 多米诺骨牌。

工具 铅笔、纸、码尺、桥、镊子、大小挡板、引导支架等。

安全事项

① 不要用骨牌投掷玩耍。② 不能把骨牌放在嘴里。③ 活动中不要嬉戏、争执。

活动过程

一、情境导入

播放中央电视台多米诺骨牌节目,创造活动氛围。

二、教师活动

1. 视频演示。

2. 简介多米诺骨牌及其游戏。

宋代时,民间出现了一种名叫"骨牌"的游戏。接着传入了宫中,随后又迅速在全国盛行。当时的骨牌多由牙骨制成,所以又有"牙牌"之称,民间则称之为"牌九"(图125)。

19世纪初,意大利传教士多米诺制作了大量木制骨牌,并发明了各种玩法,使之成为世界性的运动,人们为了感谢他就把这种骨牌游戏命名为"多米诺骨牌"(图126)。

多米诺骨牌既是一种游戏,又是一种运动、一种文化。将骨牌按一定间距排列成行,轻轻碰倒第一枚骨牌,其余的骨牌就会产生连锁反应,依次倒下。因此,多米诺骨牌游戏和比赛,能培养人的创造能力,增强自信力,培养参与者的意志力。

图125 骨牌

图126 多米诺骨牌

3. 介绍多米诺骨牌的材料与工具。

铅笔、纸：主要用于设计图案或文字，纸上打有格子。骨牌：主要器材。大小挡板：用于多米诺骨牌的隔断，起防范作用。桥：小道具，丰富骨牌画面，增加立体感。镊子：一枚一枚码放时借助的工具。码尺：加快码放速度，每个码尺放十几个骨牌。引导支架：用于多米诺画面与主线的连接。

4. 介绍多米诺码放方法。

先用多媒体演示，后介绍。

多米诺骨牌分为引导牌、图案牌两种。多米诺码放分为直线码放、曲线码放（图127）、连接码放、机关设计多种。从码放造型上又可分为直线码放、曲线码放、图案码放。从码放工具上可分为用码尺或徒手码放。

图127 曲线码放

5. 码放时的注意点。

① 码放的距离：牌与牌之间留出等距离，空隙一般相当于骨牌的厚度，多一点也可。② 用码尺码放时，移出码尺要注意两边用力均匀。③ 图形码放，先设计好图形（如文字、图案等），然后进行码放。④ 借助专用尺，大小挡板、镊子等专用工具。⑤ 依次依排进行码放。

三、学生活动

先采用简单的图案练习基本码放，包括导引骨牌的练习，直线、曲线码放。熟悉多米诺骨牌的特点。再进行分组比赛。

1. 分组码放：每一组负责对某一局部进行码放，由团队与团队之间连接成复杂的图案或文字。码放时教师巡视指导，明确码放要求。

2. 码放步骤：图案由易到难，由浅到深。教师发现问题，及时个别辅导，但不参与制定思路。

3. 分组竞赛。

四、活动评价

教师对学生的活动情况做总结，对活动中出现的情况和问题进行适当的分析。学生相互对照《多米诺活动评价表》（如下）做评价。评价共五项内容,每项20分,总计100分。

表2 多米诺活动评价表

项目	记 录	得 分
1. 骨牌倒地枚数		
2. 使用时间		
3. 布局创意		
4. 引导骨牌		
5. 图案		
总 分		

五、课堂实录

图128 这里有点斜

图129 跌倒了重来

图130 动动脑子

图131 成功了

舰模制作

年　　　级：小学五年级
方案设计者：王伯明

设计思想

通过航空母舰模型的制作,学生能接受三维空间的概念,同时学习国防知识,接受爱国主义教育。激发学生热爱科学、热爱祖国的思想感情;培养学生耐心细致的品格,同时让他们感受成功的喜悦。

学情分析

小学五年级学生正处于强烈的求知阶段,对于国防科技具有强烈的好奇心,他们乐于见识各种国防武器。通过航空母舰模型的制作,能满足他们的求知欲望,还能培养他们耐心细致的良好品格。

活动目标

情感目标 通过航空母舰模型的制作,对学生进行国防知识教育、爱国主义教育,提高他们的审美意识。

能力目标 培养学生耐心细致的品格和一丝不苟的工作作风,三维空间的审美观和实际动手操作能力。

认知目标 使学生认识各种舰船,尤其是加深对航空母舰的认识,关心我国航海事业的发展和国防建设。

重点难点

重点 引导学生熟悉航空母舰的有关知识,热爱科学,关心祖国国防事业的发展。

难点 让学生掌握模型接插的先后顺序以及技巧。

活动准备

材料 航空母舰模型的接插件。

工具 镊子等。

活动过程

一、导入活动

播放有关航空母舰知识的影像资料,激发学生热爱国防科技的兴趣。

1. 教师概述。

航空母舰简称"航母"、"空母",是一种以舰载机为主要作战武器的大型水面舰艇。航空母舰已是现代海军不可或缺的利器,也成了一个国家综合国力的象征。

2. 简介辽宁舰。

辽宁号航空母舰,简称"辽宁舰",舷号16,是中国人民解放军海军第一艘可以搭载固定翼飞机的航空母舰。前身是苏联海军的库兹涅佐夫元帅级航空母舰次舰瓦良格号,改装后中国将其称为001型航空母舰(图132)。

图132 辽宁舰

二、教师活动

1. 展示教师制作的各种模型。

2. 介绍航空母舰接插件。

① 航空母舰接插件是泡沫材质,容易破损,应小心操作。

② 操作台较挤,大家应互相谦让,不要影响别人。同时不要张冠李戴。

③ 操作顺序应由下而上,从左向右搭配。

④ 数字与字母应对应,即相应的数字或字母才能对接。

⑤ 制作好的模型应美观、精致。

三、学生活动

学生根据图示,按照教师指导的方法制作航空母舰模型。教师巡视指导。

四、活动结果与评价

教师根据学生完成作品的时间和质量进行评价。引导学生认知基本的航母知识,培养他们的实践意识、创新精神和朴素的爱国情感。

五、课堂实录

图133　有不清楚的地方吗

图134　这块你是怎么插的

图135　快做好了

图136　请检阅我们的舰队

生活中的科学

年　　　级：小学五年级
方案设计者：王伯明

设计思想

油、盐、酱、醋、酒、糖等是生活中最常见的厨房调味品。通过对它们性状的观察和肥皂制备的实验，可激发学生探索科学的兴趣，培养他们良好的实验技能，陶冶他们热爱生活的情操。

学情分析

小学五年级学生处于长知识、增本领的关键时期。然而由于中国的特殊国情，他们很少参与家政料理，养成了衣来伸手，饭来张口，油、盐、酱、醋、酒、糖分不清的不良习惯。通过对厨房调味品的认知及实验，能培养他们热爱生活、勇于探索、乐于家政的良好品质。

活动目标

情感目标　培养学生观察事物仔细、实验操作规范、生活兴趣浓厚的品质。

能力目标　培养学生良好的实验操作能力、积极探索的精神和勇于创新的能力。

认知目标　通过对肥皂的制备实验，使学生初步感知化学实验的奥妙。激发学生强烈的求知欲望。

重点难点

重点　让部分学生学会肥皂的制备方法。

难点 使学生掌握化学实验的规范操作技能。

活动准备

材料 各种厨房调味品、氢氯化钠溶液、酚酞、浓氨水、浓盐酸。

工具 酒精灯、石棉网、三脚架、烧杯、玻璃棒、玻璃片、广口瓶、胶头滴管、滤纸、火柴。

安全事项

安全使用酒精灯;氢氯化钠等有一定腐蚀性,要防止与皮肤、衣服接触。废液应倒入指定容器,由专业人员处理。

活动过程

一、导入活动

【演示】 用火柴点酒精灯,然后熄灭。

1. 提问:火柴为什么一擦就着?火是什么现象?

学生探究,教师解惑。

2. 讲授:化学是研究物质的一门科学,是实验性的科学。

【实验】 观察桌面上的厨房调味品。

① 颜色,状态。② 气味。③ 味道。

强调使用化学品必须注意"三不"。

① 不能用手拿药品。② 不要闻药品的气味。③ 不得尝药品的味道。

介绍闻药品气味的标准方法。强调观察实验必须仔细。

【演示】 趣味化学小魔术(激发兴趣)。

1. 空杯生烟。

2. 清水变色。

3. 烧不坏的小手帕。

二、肥皂的制备

(一)教师示范。

按下列制作步骤操作:

1. 用250ml烧杯取大约100ml水,并加入食盐。边加边用玻璃棒搅拌,直到食盐不溶解为止。制成饱和食盐水,备用。

2. 把实验桌上的 3ml 95% 的酒精及 5ml 40% 的氢氯化钠溶液加入盛有油脂的烧杯中。在石棉网上用微火加热,并不断用玻璃棒搅拌。

3. 沸腾后,继续加热约 20 分钟,用灯帽盖灭酒精灯并趁热将混合溶液倒入刚才制得的饱和食盐水中,边倒边搅拌(可加入自己喜欢的彩色颜料)。

4. 静置后,肥皂便上浮,待肥皂全析出、凝固后可用玻璃棒取出,肥皂即制成。

5. 用滤纸吸干水分,然后压入喜欢的模具中,使肥皂定型,制得漂亮的肥皂。

(二)学生活动。

1. 按示范要求制得肥皂。

2. 根据制得肥皂的多少、质量的好坏评分。

3. 整理实验桌子,清洗仪器。

4. 打扫实验室。

三、教学效果

学生对日常生活中的科学有了进一步的了解,并能学以致用。对发明创造增加了兴趣。

石英钟制作

年　　级：五年级
方案设计者：郑　勇

设计思想

通过给学生一个机芯,利用现有的材料,让他们设计各种各样漂亮的石英钟表盘。引导学生独立思考、自主学习,充分发挥自己的想象力,体验、享受活动过程。

学情分析

对于钟表,学生在日常生活中都非常熟悉。钟表让人们准确地知道时间,给了大家很多的帮助。学生对钟表既有一种亲近感,却又不无神秘感。

五年级的学生已经具有一定的动手能力,对于一些图案有自己的想法和创意,能够自己去创作富有个性的作品。通过石英钟表盘的制作,激发学生的创造力。

活动目标

情感目标　通过钟表盘的设计,发展学生的思维能力、想象能力,培养学生认识美、实践美的意识。

能力目标　使学生掌握刀、剪、钳等工具的使用技能,提高动手、动脑能力。

认知目标　让学生初步学会石英钟表盘的设计与制作,并会正确画出刻度。

重点难点

重点 让学生学会石英钟表盘的设计与制作。

难点 让学生弄懂石英钟表盘的设计过程。

活动准备

材料 石英钟机芯、彩色水彩笔、各色即时贴、各色彩纸、电池、铅笔橡皮、废旧光盘及各种废旧材料。

工具 KT板、硬板纸、砂皮、固体胶、双面胶、刻刀、圆规、量角器、直尺。

安全事项

制作过程中,特别要注意刀、剪、钳等基本工具的安全使用,防止伤害自己和别人。

活动过程

一、情境导入

学生走进教室时,老师播放漂亮的石英钟艺术作品的滚动视频。配上时钟的嘀嗒声,制造一种时间流逝的韵味。让学生意识到时间的珍贵。

老师出示各种各样造型的石英钟(图137,图138,图139,图140)。提问:各种各样造型的钟表,你们喜欢哪一款?为什么?学生会选造型漂亮的或颜色鲜艳的或有个性的款式,教师引导他们谈谈各自的想法。

二、知识介绍

石英钟是一种计时的器具。主要部件是一个很稳定的石英振荡器。将石英振荡器所产生的振荡频率取出来,使它带动时钟指示时间,这就是石英钟。

石英钟品种丰富多样,有台钟、挂钟、日历钟、闹钟、音乐钟、落地钟等。最好的石英钟每天的计时能准确到十万分之一秒。

图 137 石英钟(1)

图 138 石英钟(2)

图 139 石英钟(3)

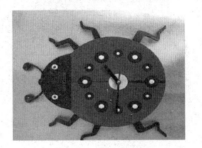
图 140 石英钟(4)

三、介绍制作过程

引言：对于钟表，学生在日常生活中基本上都能见到，它让我们准确地知道时间，给了我们很大的帮助。工匠们可以把钟表做得分毫不差，精密性很强，充分体现了人类的智慧和才能。同学们，只要大家充分发挥自己的想象，认真制作，也可以制成表面非常漂亮的石英钟。

1. 制作工具介绍。

（见上）

2. 制作示范。

制作案例一：

（1）用五颜六色的铅笔做成挂壁钟，效果有如将一个七色太阳挂在墙上。学生可完全按照自己的喜好创造，随心情装饰表盘，制作出极富创意的全新形象。

（2）在表盘周围每个点处有个隐藏的小孔，12根铅笔可随笔搭配插进12个孔内。也可以随意插进其他棍状物品，对表盘起装饰作用。内部有颜色的圆形可饰以KT板或者泡沫加即时贴。

制作案例二：

（1）用影碟制作一只小钟。材料是一张影碟、一个能走能跑的小闹钟机芯、固体胶和一段粗铁丝。

（2）先把闹钟拆掉，小心地取出附带时针和分针的钟芯，然后把时针和分针依次拔出来，接着就可将钟芯用固体胶贴附在影碟背面。

（3）插时针和分针的小孔必须和影碟中间的空洞对齐。把时针和分针再依次回插到钟芯的小孔里，装上电池，影碟小钟就可以走动了。

四、学生实践操作

根据时间，每个学生完成一个作品。创意来自生活，引导学生从生活中发现美，发现灵感之源。

1. 小组讨论。

先提问讨论：对石英钟表盘设计的整体要求和基本步骤都有哪些内容？

再小结：要想做好一只石英钟表盘，考虑的内容很多，如：采用什么样的造型，用什么样的材料，选择什么样的主体，怎样进行设计等。

2. 设计表盘。

先提问：你都见过什么样的石英钟表盘？你打算怎样设计你的表盘？想想看，怎样才能将表盘12等分？

学生可能会说：用折纸的办法，用圆规、直尺等分表盘。教师做简要评论。

再小组讨论：讨论每个人的设计方案。

汇报交流：让学生说说设计思路，然后根据自己的设计，采纳别人的优点，对自己的设计加以改进。

3. 学生制作。

准备材料，装配和制造石英钟。

五、成果展示

1. 分组展示、交流学生作品，评出几个好的作品给予奖励。

2. 让学生代表上台谈谈自己的感受和收获。

无线电测向

年　　级：初中二年级
方案设计者：沈福强

设计思想

通过活动，让学生亲近大自然、热爱大自然，丰富学生业余生活，培养学生探究大自然的能力，初步形成自觉保护周围自然环境的意识和能力。

通过亲自体验测向活动，让学生既能了解一些测向知识，又能增长一些科技知识，从而激发了学生学科学、爱科学的兴趣。

在活动中，培养学生的独立思考和分析判断能力，培养学生的团结协作精神、热爱集体生活的思想。更好地促进学生德、智、体、美、劳全面发展。

学情分析

初二学生思想比较活跃，自尊心强，敢作敢为，有争强好胜心理；希望受人重视，能被看成"大人"。但他们实际上又不具有独立的地位，思想单纯，很少保守思想，重感情，却又缺乏理智和辨别是非、善恶、美丑的能力。体验测向活动，有利于他们多种能力的培养和健全体格的养成。

活动目标

情感目标　培养学生热爱学习、热爱生活的感情和团结协助精神，激发他们对科学知识的渴望。

能力目标　让学生既了解测向知识，又增长科技知识，学会辨别方向。

认知目标　使学生初步掌握测向知识，了解测向的意义。

重点难点

重点 让学生掌握测向技巧,激发他们对科学的兴趣和热爱学科学的感情。

难点 使学生掌握测向知识,提高应变能力。

活动准备

① 分好组,8人一组,并选好组长。② 测向机每人一个。③ 信号源分别为1,3,5。④ 准备好秒表和打卡纸。

安全事项

① 活动中不吵闹、不推搡。② 不到河边玩耍。③ 穿越公路时听从教师指挥。④ 直立天线不要乱摆,别碰坏天线。⑤ 不能随意掉队,不能随意采摘瓜果,不能乱跑,不能玩水、起哄;沿路跑,寻电台时不做危险游戏;跑时要留意汽车、摩托车和自行车等交通工具,做到既要速度,更要安全。

活动过程

一、了解无线电测向活动历史

1. 介绍国际无线电测向运动。

20世纪初,无线电测向的主要设备——无线电测向仪投入使用。限于当时设备的体积和重量,仅用于航海。

20世纪20年代,美国的无线电爱好者利用接收到的无线电波来寻找发信电台,开始了业余无线电测向活动。

1961年8月,在瑞典首都斯德哥尔摩举行了第一届欧洲无线电测向锦标赛。

第一届世界无线电测向锦标赛于1980年9月在波兰格但斯克附近举行,参加这次比赛的有联邦德国、瑞典、罗马尼亚、挪威、瑞士、南斯拉夫、苏联、保加利亚、捷克、匈牙利、波兰11个国家。

2. 介绍中国的无线电测向运动。

始于20世纪60年代初。1962年在北京香山举办了第一届全国锦标赛。

1993年,国家体委、国家教委、中国科协、共青团中央、全国妇联五家联合发文号召:在全国青少年中开展无线电测向运动,并决定每年举办全国青少年无线电测向锦标赛。

至今,无线电测向运动在全国已广泛开展,数十万计青少年参加了不同形式的无线电活动,每年一度的全国青少年锦标赛有近千人参加。

二、初识无线电测向运动

即"猎狐"运动,是使用无线电测向机寻找隐蔽电台(狐狸电台)的无线电竞赛项目。比赛在业余波段进行。目前大多使用短80米和短2米两个波段。比赛地点可选择野外各种复杂地形,也可选在繁华的市区。隐蔽电台须加伪装,使运动员凭眼力不易看到,如放在树上或草丛中。

比赛是在规定的条件下,寻找出一定数量的隐蔽电台,以寻找时间短者为胜。因此,运动员不仅要熟练掌握测向技术,而且要有强壮的身体,这样才能在比赛中快步奔跑,超越各种障碍,缩短寻找时间,获取比赛胜利。

三、介绍无线电测向机和信号源的组成

1. 信号源发出的信号。

共有10个不同的信号,它们分别是:·表示"嘀",-表示"嗒"。

1 -- ---·;2 -- ---··;3 -- ---···;4 -- ---····;
5 -- ---·····;6 -····;7 -····;8 -----·;9 -----·;10 -- ---。

2. 测向机的部件及用途。

握机姿势:测向机与地面保持垂直,右手的"虎口"放在耳机插孔下1～2厘米处。

音量旋钮:调节音量的大小,如图141所示。

调频旋钮:收听10个不同的信号。

磁性天线:接收信号具有双向性。要保护好机器,切不能掉在地上,因磁力棒很容易断。

直立天线和单向开关:辨别信号的方向。

电源开关:耳机插孔。

3. 测向过程的演示。

(提醒注意:同学之间不要相碰,特别是直

图141 调音量

立天线不能拔出。并讲明理由。）

用测向机接收信号测向。

（1）将耳机插好，打开测向机。

（2）正确持机。

（3）音量旋至最大。

（4）旋转频率钮，至耳机内出现需要接收的信号且声音比较清脆悦耳。如图142所示。

（5）音量降低到自己听得出后，把测向机慢慢地转动180度，收听哪处声音最轻。如图143所示。

图142　调频率

图143　转动测向机

（6）按下单向开关，手心朝上，前后摆动180度，辨别声音的轻响，声音响所指方向即为电台准确方向。

（提醒注意：旋转180度时，留意边上同学的位置及天线的长短）

（7）对准电台的方向，握机姿势跟开始一样垂直于地面，如图144所示。

（8）当接近电台时，声音越来越响；走到离电台2米左右，会出现"突响"（声音突响，表示比较怪异）。

图144　对准电台方向

（9）进行扫描：手心朝上，测向机平行于地面，旋转360度，辨别出声音最响的地方即电台。

（10）简单说明测向方法：

① 哑点跟踪法。② 大音量测试法。③ 交叉法。④ 十字交叉法……

4. 小结。

小结侧向过程,利用口诀做记忆:

调高音量—调清频率—降低音量—测出哑点—打出单向—对准哑点—跑向电台—出现突响—扫描四周—找到电台。

四、收听电台,分清方向

教室里放置一个1号台,让学生跟着老师操作练习。教室外放置两个信号源:1号和5号。教师示范,学生注意学会收听电台呼号,辨别出方向(注意不要撞)。找到电台后打卡。

五、在大唐生态园中进行测向活动。

1. 活动地点:生态园中农博馆边。

2. 活动范围:放置3个信号源,成扇形状,台与台之间大约150米。准备区域、出发区域、终点区域都是同一个地方。如图145所示:▲表示准备区域、出发区域、终点区域。★表示信号源。

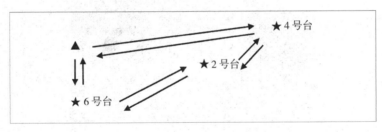

图145　活动范围图

3. 准备区域:分好小组,发放打卡纸(证明你是否找到该找的电台),明确找台顺序。要求发扬团结协助的精神。在测向过程中,要求学生沿路跑。电台放在路旁,找到电台后,打好卡,再找下一个电台。

(提醒注意:不能乱跑,跑时注意周围,不要摔跤和擦伤,路上小心谨慎)

4. 出发区域:以组长为主,记录好出发时间。每组8人,两组同时从相反方向出发。每5分钟出发一批。

5. 终点区域:记录好到达时间,评出优胜小组。

6. 整队回基地(注意人员是否齐全)。

六、课堂总结

1. 学生谈谈自己的体会。

要求从情感态度、知识能力、活动收获、合作交流等方面谈体会。教师做归纳,评出优胜小组。

2. 教师总结。

测向活动训练是训练脑、眼、脚、臂等各器官以及各方面的协调性的一项有益活动,也培养了大家的思考方法、反应能力。

在这次活动中,大家都能积极参与,认真对待,掌握了一些基本测向技能和方法。但是离真正地掌握和熟练运用测向技术还有很大的距离,还需用更多的时间来实践,所以希望在今后的日子我们还会相遇!

七、课堂实录

图146 怎么还没信号

图147 测到信号了

活动评估

huo dong ping gu

清晨起来我们开始写诗
一首写给父母
一首写给恩师
还有一封
寄给二十年之后的自己

综合实践活动课程评价方案

综合实践活动课程是在教师的引导下,学生自主进行的综合性学习活动,是基于学生的直接经验、密切联系学生自身生活和社会生活、体现对知识的综合运用的实践性课程。

对课题实施进行评价,是课程评价体系的重要组成部分,是实现综合实践活动课程目标、发挥评价导向功能和进行质量监控的有效手段与方法。

为了更好地促进综合实践活动工作的开展,保证课程的顺利实施,真正使综合实践活动课程发挥作用,特制订本方案。

指导思想

以《基础教育课程改革纲要》的评价理念和要求为指导,坚持"立足过程,促进发展"的课程评价原则,注重学生在综合实践活动过程中的实际体验和发展程度的检测。通过评价,促进学生发展。

评价目的

1. 关注学生知识和技能的获得情况,了解学生的发展状况及发展中的需求。建立促进学生全面发展的评价体系。

2. 发现和发展学生多方面的潜能,帮助学生认识自我、建立自信,促进学生在原有水平上的发展和整体素质的提高。

3. 建立促进教师不断提高的评价体系,建立以教师自评为主,校长、教师、学生、家长共同参与的评价制度。

4. 转变教师角色,重视发展教师的个性和个人价值、伦理价值及专业发展,提高教师素养。

评价原则

1. 过程性原则。综合实践活动是一门学生亲历体验的课程。因此,要重视对学生在活动过程中表现的评价。只要学生经历活动过程,对自然、社会和自我形成一定的认识,获得了实际的体验和经验,就应该肯定其活动价值,给予积极的评价。

2. 多元性原则。综合实践活动强调评价标准和评价主体多元化。因此要鼓励并尊重学生富有个性的自我表现方式,如演讲、表演、写作、绘画、制作等。评价不应只由教师来决定,要通过讨论、协商、交流等多种形式,将学生自我评价、学生互评与指导教师或社会、家庭有关人士评价结合起来。

3. 反思性原则。充分发挥评价的教育、改善、促进功能,引导学生反思自己的实践活动。要培养学生对活动过程(特别是细节)的记录习惯。要通过活动过程、交流和活动成果汇报,让学生学会对问题的讨论、方法的交流、成果的分享与思考,达到自我反思、自我改进的目的。

4. 激励性原则。坚持正面评价,运用表扬、鼓励、表彰等方法激励学生,并贯穿于整个课程实施过程。无论是在学生遇到困难的时候还是遭受失败的时候,无论是定性还是量化评价的时候,都应该激励学生,使激励评价成为学生获取成功的动力。

一、关于学生课程学习的评价

(一) 评价内容

以定性为主、量化为辅、自评与他评相结合的多维评价方式,对学生参与综合实践活动过程中的学习态度、合作精神、探究精神与学习能力、收获与反思进行评价。

1. 参与态度。以学生参与活动的时间、次数、认真程度,以及是否认真思考问题、积极动手动脑、主动提出活动设想或建议、认真查找资料、准时完成计划和学习任务作为评价的依据。

2. 合作精神。包括积极参与小组活动,主动帮助别人和寻求别人帮助,认真倾听同学的意见,乐于与别人一起分享成果。

3. 探究精神和学习能力。针对学生在提出问题、分析问题和解决问题过程中显示出的探究精神和实践能力,及其对探究结果的表达进行评价。

4. 收获与反思。可以通过学生的自我陈述,也可以通过学生的日记、活动征文、主题班会等形式来反映,还可以通过学生的行为表现和活动成果来评价。

(二) 评价方式

评价方式体现多样化,要将以下几个方面的评价方式结合起来:

1. 日常观察即时评价。日常观察即时评价要贯穿于活动的整个过程。一方面可以随时随地激励学生,调节课程的实施;另一方面日常观察能有效地提高形成性评价的准确度和有效率。

2. 成果展示。成果展示包括小论文、活动感受、研究笔记、表演、模型等,每次活动结束由学生评选、推荐、展示活动成果,指导教师进行活动及成果点评。

3. 项目评价与阶段综合评价。在每个活动项目结束后,组织学生进行评价,促使学生在活动之后能及时进行总结和反思,并为每期的阶段性综合评价提供依据。阶段评价作为学生每期综合实践活动成绩的主要依据。

二、关于指导教师的评价

(一) 评价内容

1. 参与态度。是否主动热情做好活动前的准备工作,认真备课,民主、平等对待学生,经常为学生作具体指导,与其他教师协作。

2. 指导能力。是否善于发现学生的问题和困难,为学生提供有价值的建议和意见,帮助学生调整活动方式或研究角度。能提供相应的知识背景材料,了解基地内外教育资源。能指导学生完成活动任务。

3. 继续学习。是否主动学习课程的前沿知识,能根据学生探究的内容钻研有关知识,掌握有关科研方法,提升指导水平。

4. 指导效果。是否引导学生进行总结反思,指导的课程有相当的成果展示。

(二) 评价方式

教师评价采用"协商研讨评定"方式,以自评为主,结合学生评价、同事评价与基地评价多种方式进行综合评价,提高评价的可信度和客观度。

1. 问卷调查：① 教师自我评价。② 学生评价。
2. 察看案头工作：是否认真备课，撰写教案，做好指导工作记录。
3. 成果展示：每学期组织一次学生综合实践活动成果展示，每学年举办一次作品展示评价活动。对指导教师给予适当评价，并从中评选优秀指导教师。

三、具体操作

（一）学生评价

评价内容包括：① 情感态度。② 知识技能。③ 交流合作。④ 成果展示。⑤ 开拓创新。

采用方式：每一个主题活动结束后，填写"综合实践活动记录与评价表"及"综合实践活动成绩记载表"。

（二）教师评价

A. 自评

评价内容包括：① 工作评价。② 过程评价。③ 效果评价。

采用方式：每一个主题活动结束后，指导教师按照上述内容项目，对自己的指导情况和学生的活动情况进行一次评价，将评价意见写成书面材料。

B. 学校评价

评价内容：① 主题选择是否恰当。② 活动设计是否科学。③ 活动组织是否周密。④ 活动形式是否适合参加活动的学生特点。⑤ 活动效果是否达到预期目标。⑥ 教师取得的新鲜经验以及得到的新的认识。

采取方式：① 审阅师生自评材料。② 与组织活动的教师（或教师小组）共同反思活动过程，交流讨论。③ 组织学生对教师测评。④ 征求家长意见。⑤ 组织有关学校带班领导及教师对指导教师测评。

昆山市未成年人素质教育校外实践基地

给实践基地的一封信

实践基地的领导、老师、教官：

你们好！非常感谢你们三天中对我们昆山国际学校国际部孩子们的教导，这给他们带来了很大的变化。

由于孩子们来自境外，家境也都比较富裕，因此不乏娇生惯养者。平时有的孩子连穿马路都不敢，一定要家长陪同，送到车上。参加实践活动是一次难得的锻炼机会。

因为很多孩子都是第一次离开父母，第一次住集体住宿，所以内务整理非常糟糕。好在几位教官常出现在他们身边，手把手教导他们，让他们得到了很好的锻炼。

回来的时候，大部分孩子都期待下次能继续参与活动。在短短三天中，孩子们收获颇丰。回忆起来，他们觉得有辛苦，也有甜蜜，非常高兴。我们老师也收获了很多，所以再次感谢各位，感谢你们的辛苦付出。

我们还特别欣赏实践基地的组织管理，不仅安排细致合理、课程丰富多彩，而且人性化的服务理念也体现其中。这是在昆山其他学校所不能见到的。

另外，请告诉李教官，我们一个孩子的手机找到了。不知道为什么，他的手机被马来西亚的一个孩子塞到了包里，昨天回家整理的时候发现了，然后告诉了老师。这帮小家伙就是如此的可爱。

再次感谢大家！

昆山国际小学国际部德育处

印象最深的课程

培本小学五(1)班 蒋 楠

在昆山市未成年人素质教育校外实践基地,我们度过了两天半的时间。我们上的课程很多,内容十分丰富,大家都很开心,收获很多。其中,我印象最深的课程是码放多米诺骨牌。

活动开始前,我们分好小组,一组三人拿着骨牌来到食堂。我们小组的图纸上是一个"基"字。一开始,三人齐心协力一起摆。可一不小心,摆好了的骨牌就倒下了,还连续倒了好几次。

为了节省时间,大家一致同意让我一个人摆,其他两人负责提供骨牌,果然一下子速度加快了。眼看还剩三排就成功了,可就在这时,我们组的杨师博一不小心腿碰到了桌脚,骨牌们集体大摔跤,"哗啦啦啦"倒下了。

我们又前功尽弃了。我和倪臻十分生气。这时,老师走过来说:"没关系,没关系,继续摆。"我们只好重摆。

这次,我们摆得小心翼翼地,终于摆成功了。不过,虽然摆好了,可教官说:"这肯定形不成效果。"

我有点不信,一推,只听"哗啦啦"一声,果然是绝大部分倒了,还有一部分没倒下。找了一下原因,原来是中间距离太大了。真是一半喜,一半忧。唉,看来做任何事情都要有恒心,更要仔细和动脑筋啊!

通过努力,我们终于把"基"摆成了。就在那一瞬间,我感到了成功的喜悦和无比的自豪,也明白了"失败乃成功之母"的道理。

有趣的野外大课堂

柏庐实验小学五(3)班　张璐瑶

怀着异常激动的心情,我们学校五年级的全体同学进入了未成年人素质教育校外实践基地。我们中队的第一项活动就是陶艺制作。

来到了陶艺室,扑面而来的是一阵泥土的芳香,映入眼帘的是一件件创意作品,同学们都跃跃欲试。老师详细解说了陶泥制作方法后,轮到我们大显身手了。同学们一拿到陶泥就迫不及待地开始制作了。有人捏泥人,有人塑泥猪,有人做笔筒……一个个都弄得手上脏兮兮的,可是心里都充满了快乐。

这次活动,不仅陶冶了我们的情操,激发了我们的想象力,也增强了我们的动手能力。我想,也许未来的大雕塑家就会在我们中间出现呢!

在之后的两天时间里,我们开展了画彩泥画、学习定向追踪技术、风筝制作和航模制作等十分有趣的实践活动,其中最苦最累又最新鲜的要数定向追踪了。

在大唐生态园这个野外大课堂里,我们每个人靠耳朵上的耳机、手里的无线电追踪器奔跑着接收微弱的信号。努力寻找着被教官隐藏在草丛里、小路边,甚至灌木丛中的电台。

几十分钟下来,所有的同学都满头大汗,可是也都收获不少。我们深深体会到,要真的做个军人是多么的辛苦,需要多于常人的体力、耐力、坚韧和细致,需要团结与协作,需要守纪与服从命令。

另一个重头戏,就是离开父母的集体生活。在家娇生惯养的我们,第一次自己铺床单、装被套、枕套;第一次自己叠被子,而且还要方方正正的;第一次自己打扫房间……

这么多的第一次,看似简单的体验,却锻炼了我们的动手能力,让我们学到了很多教室里学不到的东西。

愉快的"旅行"

柏庐实验小学五(2)班　钱洋溢

瞧，大巴车都来了！我们迫不及待地上了去实践基地的车。坐在车上，我激动极了，因为离开了爸爸妈妈，我们就要自己的事情自己做了。那里可是有很多的教官，他们可都是正规、严厉的军人……

我们几乎是闯进宿舍的，都急着想看看自己的小床。我睡在3号床，是上铺，有一个小梯子可以爬上爬下。放好了东西，我们就聊起天来。谁料集合的哨声很快响起，大家只得"慌慌张张"地跑了出去。

吃过午饭，大家都整理起了内务：铺床单、套被套、套枕套、叠被子、叠毛毯……尽管教官给大家做了示范，但我想，又要拉又要抚又要掐又要拽的，挺麻烦。结果，我的猜测被证实了：三个人一起"干"一床都是很难很难的。唉，真是"看似简单做时难"啊！

不过啊，这里上课可好玩啦！制扇、陶艺、彩泥、做航模、做风筝、烧烤、包馄饨……其中，我最喜欢的就是烧烤和包馄饨了。

烧烤时，每人发到了两个包子、一根香肠和一根肉串。用签子签好后，再在香肠和肉串上涂点油，就可放在炉子上烤。包子和香肠本来就可吃，只是在冰箱里冻过了，再热一热。可那肉串，原料是全生的，烤了好一会才熟。烤好后，再撒上盐和胡椒粉——哇伊，实在是太太太……美味了！

接着，一张张白色的面皮呈现在我们的眼前——没错，要包馄饨了，馄饨也就是我们的午餐了。一开始，我忘了怎么包，后来别人教了我一下，我就记起来了。我们包了近80个馄饨，却只吃了不到40个。吃得肚子撑撑的。

离开的时候，大家都依依不舍。好在老师们说，到初二时我们还要来的。那就到时候再见吧！

人生中的第一步

培本小学五(1)班　邓文心

4月23日,我们去了未成年人素质教育校外实践基地,我十分激动,也十分紧张。在基地,我们开展了丰富多彩的实践活动,其中,我记忆最深刻的是烧烤和包馄饨。

开始烧烤了,我拿好自己发到的食物并串好,做好了准备。我没有单独烧烤过,平时都是等别人烤好吃就行了,这次烧烤让我有了一个尝试的机会。我把食物抓在手里悬空在烤箱上,但烤了许久,就是没好,把手往里放一点,又太烫,真麻烦!我都不想烤了。就在这时,我突然想出一个好办法:把棒子悬在外面,肉放在烤箱里面。果然,一会儿就能吃了。

接着,我们就开始包馄饨了。可家里只吃饺子,不吃馄饨,不知馄饨是怎么包的,这下可为难我了。我只好硬着头皮看着同学们包,然后再学着他们的样子包。尽管这样,但包得还是歪七扭八的。王文杰便热心地手把手地来教我,我终于会包了。

两天半的训练让我收获了许多,我的动手能力也提高了。我还懂得了做事必须要有团队精神,必须要不放弃,要坚韧不拔,要坚持,更要有耐心……

综合实践活动心得

柏庐实验小学五(2)班　查欣昱

4月13日,我们五年级同学来到了未成年人素质教育校外实践基地,进行为期三天的校外实践活动。

我们班的第一个活动就是制作五彩香包和多米诺骨牌的码放。我制作出来的香包是菱形的,外面包上了彩纸,非常漂亮,可以挂在脖子上。

而多米诺骨牌码放起来就很难了。我们先要拼一个字——"青"。别看写写容易,拼起来可难了,一定要一排一排地拼,不然容易倒下。只要一不小心,先前的努力就白费了。

我于是耐心地拼起来,花了很长时间终于拼了出来。虽然个别几个有点歪歪扭扭,那可是费了我很多劲的呀!在拼的过程中,最多一次倒了整整44个!太不容易了!

我们还进行了风筝、彩泥、扇子、陶艺、航空母舰的制作。我觉得最难的要数做陶器了。

我准备做一个花篮,那是由许多泥条和一个底盘组成的。先说做底盘吧。别看老师做很简单,等到自己做的时候,就觉得手里的工具总是不听使唤。

接下来,就是搓泥条了——高难度的技术活。泥条千万不能一段粗、一段细,要粗细均匀,太粗了没有美感,太细了容易断。我搓了半天,不是太粗就是太细。刚刚好用了,可不知怎么回事,在粘上去的时候却又断了,最后还是老师过来帮忙,才最终完工。

这次活动,让我们这些从小在家娇生惯养的孩子学会了一些自理能力,比如自个能换枕套、铺床单、叠豆腐干被子,也学到了在校园里接触不到的知识,开阔了眼界。

做航模给我的启示

柏庐实验小学五(3)班 李 卓

在昆山未成年人素质教育校外实践基地,我们有许多快乐,也有许多泪水。我们在一次次实践中成长,获得了不少新的知识。

比如说做航模吧。一开始,我们非常兴奋,觉得特别好玩,特别简单。可到了开始做的时候,就摸不着头脑了。后来经过老师的精心指导,才拼完了一个战舰的底部。

但是,拼这个船底也遇到了不少麻烦,比如船上的钩子很难钩住,需要使劲地往后拉,而且每个部位都要对齐,不然后面的零件就很难再装上去了。

既然是战斗船,船上当然会有许多的小飞机,而飞机数量数不胜数,一不小心就会漏掉一架飞机;在模型板上有许多机翼,只要漏掉一个,模型就残缺不全。因此,拼 CV-64 航空母舰,需要集中注意力。

拼完航模时,我们都为自己的劳动成果自豪。看着这艘精致的航空母舰,我心里甜滋滋的。我从中懂得了:只要有信心,瞄准一个目标,细心去做,就一定能够做得很好。

参加综合实践活动有感

实验小学五(5)班　马海天

4月16日,这是个特别的日子,我们离开关心疼爱我们的父母,到了综合实践活动基地独立生活两天半时间。在这次意义非凡的活动中,我不仅提高了自己的生活自理能力和动手能力,那些点点滴滴的小事也给我留下了深刻的印象!

齐心协力做风筝

其实在手工方面,我最喜欢的还是做风筝。你可别看就这几样小东西,里边儿可装着大学问呢!首先,得把木棒牢牢地固定在风筝上,接着再将线穿过小孔。"呀,我穿不过去了!"心急的我有些不耐烦了,把风筝往旁边一丢生起气来。"我来看看!"对面的同学拿了过去,盯着风筝,钻研了一会儿,笑道:"你的孔钻得太小了!"说完,便握着我的手,一边小心翼翼地穿过去,还一边为我讲解道:"穿的时候,一直要撑着风筝,把口放大。瞧,风筝线穿好啦!"我真诚地感谢了她。阳光透进来,照在风筝上,放射着温暖的光芒,渐渐的,我的心也跟着暖了起来……

教官原来也温情

说到咱的教官,我想同学们一定会用"望而生畏"这个词来形容。但是在活动的第二个夜晚,我却发现了教官的和蔼可亲。那天半夜,我翻来覆去怎么也睡不着。突然,听到了阵阵脚步声,我赶紧闭上了眼睛。过了一会,我听到了门被推开的声音。接着,又是一片寂静。我眯起双眼,朦胧中,我感觉到杨教官轻轻地帮我把被子掖起盖好,微笑地望了我一眼,再把被单、枕套帮我拉平整,然后蹑手蹑脚地走出了宿舍,轻轻地关上了门。不知怎么了,我一下子喜欢上了这个平时对我们严格要求的杨教官!

亲自下厨真有趣

这次,我可要亲自"下厨房"啦——我要自己烧烤、包馄饨呢!我最喜欢的是包馄饨。一开始,我无从下手,便开始包"自创馄饨"。可包出的馄饨有的像"包里插扇",有的像"会飞的鸡蛋",还有的像"洋葱在跳舞"。后来,老师过来指导了我。只见她先将菜肉放入皮内,折两折,往后一弯,将馄饨皮用水粘牢,一个外形美观、美味可口的馄饨包成了!我也试包了一个,可发现自己包的松松垮垮,像个无精打采的老奶奶。于是,第二次我将菜肉多放了些,果然做出来的馄饨饱满了,这使我非常有成就感。不一会儿,馄饨煮好了,吃着自己包的馄饨,我心里美滋滋的。

为期两天半的综合实践活动结束了,我们依依不舍地告别了实践基地的老师和教官。这次活动不仅使我们增长了知识,还增强了我们的团队合作意识,我热切地期盼着能再参加这样的活动。

图148　教师陶艺作品

美好的回忆

实验小学五年级 某学生

4月15日,烟雨蒙蒙,可这一点小雨怎能压住我们内心的喜悦呢?我们为什么那么兴奋呢?因为呀,要去素质教育基地参加实践活动喽!

一路上,小雨打在窗户上,形成了一朵朵晶莹剔透的水花。车窗上形成了一层薄薄的雾。我们唱着欢快的歌儿,不知不觉中来到了实践基地。

首先映入眼帘的是宽阔的马路。路两边是一簇簇五彩缤纷的花朵,传出的香味沁人心脾;左边有一个宣传栏,上面有着其他学校的学生来这儿实践时拍的照片,有制作陶艺的、做模型的、反映宿舍生活的……

继续前行,一排郁郁葱葱的大树镶嵌在操场的两边,南面一面鲜艳的五星红旗在迎风招展。最南端是一条蜿蜒的小河,河水碧绿青翠,缓缓地向大潭村方向流去。操场北边是一幢幢整齐的建筑,掩映在绿树丛中,令人心旷神怡,那就是我们即将下榻的宿舍群楼。

这几幢楼房的结构很复杂,有好多个出口,楼房和楼房之间有许多座天桥连接着,有的天桥上还有亭子呢!简直就是童话里的皇宫,给整个建筑增添几分神秘感。

很快午餐时间到了,咕咕作响的肚子驱使我们向餐厅走去。穿过一条大道,我们井然有序地走进了餐厅。干净整洁的环境,美味可口的食物,很快吊起了我们的胃口。拿起碗筷三下五除二,我的肚皮终于不再抗议了。

回到宿舍,房间不大,整洁干净,有一种家的温馨和亲切的感觉。左手边有一排柜子,那是供我们放生活用品和一些其他物品的。柜子上放着8个军用大杯子,它们的柄都朝着同一个方向。4张上下床整整齐齐地摆放在宿舍的两侧。床往前是阳台,阳台上有两个洗手池,池边整齐摆放着我们的牙刷和牙膏。我突然感觉,自己真的变成了一个小军人。

宿舍外,一盆墨绿色的竹子映衬着具有中国古典艺术风格的建筑,一种现代与古典完美结合的美丽洋溢在了我们的心间。

我们上的第一节课是彩泥画。彩泥画的泥是纸做的,所以摸起来特别有韧性。彩泥画的特点就是看上去层次分明,摸上去有肌理感。彩泥画的制作很简单,先用复写纸拓印好要画的图案,然后用钳子夹住一些彩泥,用牙签配合,摁在三合板上,吹干后彩泥就不会掉了。

晚上的活动中,我还是最喜欢篝火晚会。晚会上大家表演了许多节目,有拉二胡、演小品的、讲英语故事的、拉小提琴的……

我们班表演了《记不住》、《我爱我班》两个节目。其中,我比较喜欢《记不住》。这个节目中,沈诗雨扮演了一个可爱的、有一点傻的同学,"演员"们风趣的对话,惹起了一阵阵笑声。

在实践活动中,我学到了许多在学校里学不到的东西,如制扇、无线电追踪、风筝、航模等。这些课让我受益匪浅。这些都是美好的回忆,我会好好珍藏在心里。

图149 打卡

综合实践活动日记二则

实验小学五(7)班 陈青雯

4月17日 星期五 晴

今天是到未成年人素质教育校外实践基地接受半军事封闭训练的第二天,白天的一切都令我们感到新鲜和兴奋。晚上大家久久难以入睡,直到凌晨1点左右,才迷迷糊糊地睡着了。

不知过了多长时间,隔壁325房间突然传来歌声、笑声、尖叫声交杂的"夜半混合交响曲",我们都被吵醒了。一看时间,才睡了不到半个小时。我们被隔壁的同学感染了,反正也睡不着,大家都说起话来,宿舍里顿时充满了欢声笑语。

突然,响起了"呼、呼、呼"的敲门声,随后便是"325,干什么呢?有完没完"的呵斥声。"嘘!教官来了!"随着一片轻轻的自语声,全宿舍的人都把被子往头上一蒙,迅速躺下。接着就听到教官轻轻的敲门声。见没有回应,教官的脚步声便渐渐地远去了。

大约凌晨4点左右,隔壁的歌声再次"熏陶"了我们,我们被吵醒之后,感到毫无睡意,就开始整理内务了。事情做完后,便开始聊天。"呼、呼、呼""这么晚了,快睡觉!"真没想到,教官在我们起床后还来巡察。真是太惊险了!

4月19日 星期六 晴

中午,我们开展的活动是包馄饨、煮馄饨。我们排着整齐的队伍来到了活动场地。桌子上放着一个大盆子、一个装馄饨皮的小袋子和一碗菜肉馅。

俞老师先示范包馄饨,再让我们自己包。起初,我总是包不好,菜肉馅儿也总是和我作对,偏要往外儿挤,趁我一个不留神儿,便从馄饨皮中溜出来,来个"集体大逃亡"。

我生气极了,想也没想就把馄饨皮儿扔在桌子上。和我一桌的另外九个同学见了,都用怪异的目光注视着我。我感到万分尴尬,微微低下了头。

有个同学似乎看出了我的心思,把我扔下的馄饨皮拿了过去,包上了菜肉馅儿,在我面前示范了一遍,又对我说:"你应该把它包得紧一点,这样就不会漏了!"

我点了点头,又拿起一张皮,包了起来。果然,这一次那些菜肉馅就不与我作对了,我包得十分顺利。渐渐地,我来了劲儿,越包越多,可乐了!

接下来,我们便让那些馄饨儿"学跳水"(煮馄饨)。看着一个个可爱的"小精灵"在锅里浮上浮下的,我立刻把刚刚发生的不愉快事儿都丢到了脑后。

图150　教师陶艺作品

难忘的实践活动

中华园小学　某学生

　　5月14日,我们去校外实践基地参加了实践活动。我们是带着一种兴奋、好奇还有好玩的心情去的。来到基地之前,听说要去鳄鱼谷看鳄鱼,一个个都惊叹不已。

　　到了车上之后,李教官给我们讲了基地的纪律。本来在车上李教官还是和蔼可亲的,可到了基地之后就变得一脸的严肃,使我们有些"提心吊胆"。

　　第一节课,就是要跟教官们学叠像"豆腐块"一样的被子。教官叫我们把自己的物品放到个人的柜子里,然后再把枕头套和被套套到枕头和被子上,把被单铺在床上之后就要集合。我们的"苦日子"就这样到来了。

　　把东西收拾好之后,我们下去排队吃饭。吃饭之前人人都要洗一下手,洗过手到食堂不能立马坐下,要等教官说了坐下才能坐下去,坐下去之后要等教官说开饭,小值日(一顿换一组人盛饭和摆筷子)才开始盛饭。不是小值日的身子要坐得笔直,小值日弄好之后,教官说吃饭,我们才能"动手"。吃好饭就到宿舍去写作业。

　　接下来的几天中,在老师的耐心指导下,我们开展了做陶泥、制作扇子、烧烤、包馄饨等活动。虽然遇到了不少困难,可大家心里都十分愉快。

　　做陶泥之前,得先听那位"老爷爷"唠叨一番,才能开始做陶泥。我们每位同学都要八仙过海——各显神通。我做了一个心形的陶底,然后在上面写了一个"TC",各人有各人的喜好嘛!做好后,我把陶艺拿回宿舍,放到了自己的柜子里。

　　制作扇子前,老师给我们每人发了一把剪刀,还有双面胶和铅笔。老师先让我们看了一些图画和一些扇子,画面上的扇子五彩缤纷,让我们眼花缭乱。下面就是自己动手的时间啦!我先把实线从上往下对折,把虚线从下往上对折,再用双面胶把没画画的地方朝下和扇骨一根根粘起来,一把扇子终于诞生了。

我喜欢烧烤和包馄饨。活动中,老师发给每人一串肉、一根香肠和两个小馒头。大家把香肠和馒头串在一起就烤了起来。不知怎么的,自己烤出来的东西特别特别的好吃。

至于包馄饨,我一开始不会包,跟沈雯婷学着学着就会了。一会儿,李老师帮我们煮馄饨。煮出来的馄饨格外的香。往日里,包馄饨和烧菜都是妈妈做的事,原来那也是这么辛苦的事情啊!

这一次实践活动,让我们知道了独立生活是一件多么难的事情。感觉时间流逝得好快,两天半一晃就过去了。觉得虽然教官有点儿凶,可我们还是那么舍不得他们,在返程的车子上我们班有好多女生都哭了。

图 151、152　教师陶艺作品

难以割舍的感情

高科园中心小学五(3)班　徐佩悦

星期三的上午,我们怀着激动的心情,背着旅行包来到学校,和其他同学一起去校外实践基地体验生活。

经过两个小时的车程,我们到了鳄鱼谷。"嘟——"吹哨集合了,我冲出寝室,正打算下楼,一个教官拦住了我:"集合时要排队。"我才知道简单的集合也要如此有秩序,便排队下了楼。

到中午了,我们排队进入食堂吃午饭。闻着香喷喷的饭菜,我们的肚子饿得"咕咕"叫。"开饭!"教官一声令下,我拼命地狼吞虎咽,哪顾得上挑三拣四,更别提什么淑女风度了。

晚上,我躺在床上,都快要睡着了,有几个同学在叽叽呱呱地说话。我就往靠墙的一面转过去,"咚!"我不小心磕着了,磕得还不轻。可是这里没有妈妈,没有爸爸,同学们都要睡觉,我忍着痛没有叫出声来。

在实践基地,我懂得了许多,学会了许多。我懂得了要珍惜粮食,团结也是种力量,要井然有序……从做扇子中,学会了要细心;从摆多米诺骨牌中,知道了要有耐心;从做香包中,懂得了要有信心;从做陶艺中,明白了要虚心……

我也发现了同学们的许多缺点。有的同学不珍惜粮食;有的自私自利,不以团体为中心;有的自理能力差,不会自己叠被铺床;有的不自觉遵守纪律,在晚上"滴滴答答"按手机,影响别人休息……

离去时,望着向我们招手的教官和那个住了两个晚上的"家",我觉得有一种难以割舍的感情,我的眼眶湿润了。我喜欢这里的一草一木,这儿的生活环境。在这里,教官的严格要求使我们养成了好习惯,并从另一个角度重新认识了自己。

永远忘不了的三天

高科园中心小学五(4)班　施嘉文

在校外实践基地的那三天,是我永远也忘不了的三天。因为在那些日子里,酸甜苦辣都融入我的生活中,我觉得很"难受",却又十分充实。

到了实践基地,教官让我们把自己的被子、被套、枕头套、被单、毛毯通通理好。我虽然有点力不从心,但并没有放弃,眼看其他同学都叠好了,我使出浑身解数也终于叠好了!我还体会到了妈妈照顾全家的生活有多艰辛。

基地的管理还真严,连吃饭都不能安心。要教官大喊一声"坐!"我们才能坐下,但坐下后还不能吃,要等到"小值日"打完饭,教官说"开饭!"才能吃饭,之后我们个个狼吞虎咽起来。这也许就是集体生活吧。

第二天,我们就开始上课了。首先,我们要做有着很古老历史的工艺品——扇子。我认真地听着老师的讲解,心里盘算着等会应该如何下手。终于等到我自己出马了,我折呀折,没一会儿就做好了,看着别人都比我慢,心里着实得意了一把。

接下来就是做彩泥画了。这也难不倒我,老师刚讲完我就开始动手了,不到一个小时我便做完了。老师看我做得好就拍了张照作纪念。做这种小工艺品,对我来说并不是什么难事,但是我却尝到了"成就感"的滋味。

到了第三天,我们要回家了。不管是老师还是学生,都对基地依依不舍。我真想再去一次,哪怕只给我一天时间,我也会好好珍惜……

儿子在成长

培本小学　郭伍超家长

当"实践活动"归来的儿子一个人坐公交车回家，风尘仆仆地站在我面前时，我还真有些惊喜：就两天半在外，他似乎长胖了，也成熟多了！

一直以来，我总有隐隐的担心，儿子都五年级了，长得与我一般高了，可还是过着"小少爷"般的生活，不用说洗衣服、叠被子，就是写作业都还需要我不断地督促。只要我不在家，他总窃喜，电脑边总有他"忙碌"的身影。没有时间观念和自控能力的他，没少让我操心。

得知4月23号到25号五年级要去千灯进行"封闭式训练"，我比他还要高兴！能有这么好的机会和同学们一起出去亲近大自然，基地又安排了这么丰富多彩的节目，真是求之不得的好事，也正好可以锻炼锻炼他。

凯旋的儿子，除了带回了精美的航空母舰、小折扇、风筝等"纪念品"外，还带回了这几天养成的好习惯。当他洋洋自得地说他叠被子是他们宿舍内的模范，还主动帮助其他同学一起叠时，我有点怀疑。于是他有模有样地演示给我看。当经过他灵巧的小手，像"豆腐干"一样有棱有角的被子展现在我面前时，我心里乐开了花。

如今儿子各方面都有所改观，自己整理自己的房间了，吃饭快多了，也不太挑食了。接受他人帮助时，懂得说"谢谢"了。写作业也专心多了。上学不再让我接送，放学后喜欢一个人坐公交车回家了……

好的习惯造就好的品质，好的品质决定好的未来，孩子一点一滴的进步都是走向他美好未来的阶梯。希望儿子能严格要求自己，坚持不懈，做全面发展的好孩子。孩子，我们会一如既往地欣赏你、鼓励你！

儿子的变化

培本小学　朱唯一家长

听说4月23日儿子要去参加为期两天半的素质教育校外实践活动,我实在是有点哭笑不得! 想想长这么大从没有离开过我们的儿子,怎么去度过这些时间呢? 且从一开始的惊讶慢慢地转变成担心了……

说实话,儿子都长这么大了,可在我们眼里他一直是"三岁小孩"。也许是工作太忙了,儿子经常由他奶奶带着。隔代的宠爱,使他像温室里的小花一样,一点也受不了苦、受不了委屈,饭来张口、衣来伸手地过着每一天……

我一向不赞成"老人家"的做法,可有什么办法,总不能为了他们太疼爱孩子而去怪罪于他们吧? 平时在家里,儿子做任何事都不自觉、不主动、不肯吃苦,自理能力很差,而且动作也非常慢,真是让人头疼啊!

既然学校组织这样的活动,也有学校的道理,让他锻炼一下也不错,说不定会有所改变呢? 这样一想,我们就不担心了,反而有种莫名的喜悦了!

出发的前一天晚上,儿子坐立不安,激动得无法形容,高兴地跳来跳去,对着一张写好要带东西的纸,一样一样地准备生活用品,仔细地对照了一遍又一遍,生怕少带了会带来麻烦。等到全部装入背包里后,又激动地背着包在家里走来走去高兴了好一阵才歇下来。然后早早地去睡了,说这样时间会快点过,明天会早点到来! 哎,真是个孩子啊!

第二天一早,我睁开眼时吓了一跳,儿子已经坐在我们床边了,轻轻地嚷着要我们快点起床。我一想,这就是他的第一个变化了,从小到大都是我们叫他都叫不醒的,今天真是西边出太阳了啊! 我高兴地和老公起了床。可走到儿子房间又吓一跳,被子叠得整整齐齐,房间整理得干干净净,可想而知他肯定是半夜都没好好睡了,由此我们看出了他心里的那份激动和喜悦! 我想,等到两天过后,儿子的变化可能会更大呢!

两天半时间说长不长,说短也不短,白天上班忙倒还好,一到晚上就会想起儿子,毕竟他从没离开过我们,想着他有没有早点睡,想着他睡着了会踢被子,想着他自己要照顾好自己……想来想去睡不着,就对自己说:"算了,随他去吧,他总有一天会长大离开我们的……"

星期六下午,儿子终于回来了,那高兴劲儿就别提了,叽叽喳喳不停地说着他这两天发生的事情。什么什么有趣啦,什么什么好玩啦,什么什么开心啦,什么什么好吃啦……仿佛要把他这两天的事情全塞到我们脑子里,完了还唱出来一句:"哎,我还真不想回家呢!"哦,晕!还问我们有没有想他,我说:"想啊,你想我们吗?"他不好意思地轻轻回答道:"不想。"

经过这两天的实践活动,儿子变了好多。每天都是他来叫我们起床了,每天把房间整理好了才上学,每天送他上学的路上都嘀咕着叫我们以后别送了,做作业也比以前自觉了……这些都使我们觉得很欣慰,同时也意识到,平时和儿子缺少了沟通,可能有些方面我们的做法太偏激了;有时也对他管得太多了,使他觉得在家里有一种束缚。

我想,在以后的生活中,不但儿子要改变,我们家长也应该改变一下,要与孩子的心近一些,要相信孩子的能力。这次实践活动仅仅是个开始,我们相信时间会让他变得更懂事、更自觉、更坚强!

图153 教师彩泥画作品

雏鹰放飞

培本小学 倪臻家长

4月22日下午放学,儿子一看到我就兴奋地说:"妈妈,明天我们学校组织到千灯参加为期三天的实践活动。"当时我可高兴了,我的第一个念头就是:我终于可以清净、放松几天了。

4月23日早上5时30分,我在迷糊中听到客厅里有人活动的声音,起来一看,原来是儿子一大早在客厅里模仿电视里的军人在操练,嘴里还不停地在喊:"立正——稍息",一会儿"向右转",一会儿"一、二、一"。看他那认真的样子,觉得真的很有趣。可我只能憋住笑,假装生气的样子对他说:"你也太兴奋了,那么早起来!快去睡觉,到时间我会叫你的。"儿子只好欣欣然地回去睡觉。

到了晚上,没有听到儿子那叽喳的声音,我心里总是空落落的,老是觉得少了什么似的。又莫名其妙地担心:儿子晚上睡觉踢被子有人帮盖被子吗?万一感冒了怎么办?白天有没有喝水?饭有没有吃饱?换下来的衣服会不会洗、晾?

那天,儿子从实践活动基地回来了。在等待和担心中终于看到儿子,我心里有一种说不出的高兴。看到他大包小包的背着,手里还拿着航空军舰模型、风筝等,我就迫不及待地凑上去想接过他背上的背包。

没想到儿子却说:"妈妈,背包很轻,我自己背,我自己的事情自己做。"儿子的一句话让我感到他又长进了一步。

一回到家,儿子就给我们表演叠被子,虽然棱角并不方正,但儿子的努力还是让我们高兴的。当他拿出一件件手工艺品送给我们时,我突然感到有一种多年未回的游子回家了的感觉。

自从实践活动回来以后,儿子也会试着帮我们做些力所能及的事情,自理能力有了进一步提高,有些不良的习惯也改正了不少。希望儿子能坚持下去,能真正地长大。

　　这次学校组织的教育实践活动,从很多方面锻炼了孩子的意志,培养孩子的品德,使他们感到了团队的精神力量。我支持学校以这种形式举行教育活动,让孩子学到一些社会知识,从而弥补书本知识的狭隘与不足。

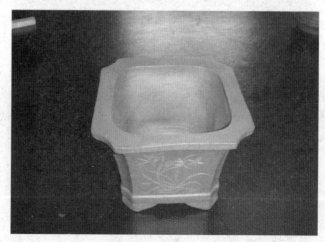

图 154、155　学生陶艺作品

女儿在慢慢长大

培本小学五(4)班　顾乐妈妈

女儿本来就是个乖巧、懂事的孩子,每天除了完成功课以外,还要帮我做不少的家务,平时我也不要求她做什么课外练习,上什么补习班,因为她是一个自觉的孩子。只有一件事最让我头疼,天生胆小。

记得有一次,我好说歹说总算连哄带骗地让她一个人睡自己的房间,可是睡到半夜,她突然跑过来说有一只蚊子,我害怕,弄得我哭笑不得。

为了这事,我跟她发过好几次火,都没有用,每天晚上她都瞪着无助的眼睛看我。我就心软了,想想她还小,算了吧。这次正巧,女儿的学校组织实践活动,我想,机会来了。

实践活动的前几个晚上,女儿一直很兴奋,一直都在准备,而我却表现出很担心的样子,说:"算了吧,你不要去了,我怕你一个人睡觉害怕,起来找不到妈妈怎么办?而且还有上下铺之分,万一睡在上铺掉下来怎么办?"

我甚至提出,晚上要过去陪她一起睡觉。可她强烈反对,又坚决保证:"我可以一个人睡,睡上铺也不害怕。"我心里在暗暗高兴。

三天很快过去了,女儿有点黑黑的回家了,还拿回家一张奖状,讲了好多有趣的事,做了扇子、模型、陶艺、彩泥画、风筝……可我最关心的还是她晚上一个人睡觉害不害怕,有没有躲在被窝里哭……女儿却坚定地回答我:"没有。"还告诉我有两个同学晚上睡觉哭了,女儿还去安慰她们了呢!

到了晚上,我突然发现女儿抱着自己的被子往房间里走,自己铺好被子,然后来跟我说:"妈妈,晚安。"

我简直不敢相信,仅仅三天的实践活动,就让女儿勇敢起来,女儿真的在慢慢地长大了。

他真的变了

培本小学五(1)班　汪哲李家长

汪哲李从校外实践基地参加实践活动回来后，变化很大。具体表现在以下三个方面：

他变得善于与人交往了。汪哲李在去实践活动前，性格比较内向，不大愿意主动招呼别人。实践活动回来后，变得很活跃，能和同学友好相处，和熟人主动打招呼了。大家都很喜欢他。

他变得更主动了。以前在家里吃饭时，外公外婆帮他盛好饭，摆好筷子，拿好勺子，然后他才吃饭。活像一个"小少爷"。现在，他主动帮助外婆分筷子、拿勺子，还能主动帮忙搬凳子。

他变得会做事情了。以前汪哲李起床从不叠被子，嘴巴里还叫要外婆给他拿袜子拿衣服。现在，他非但自己拿衣服和袜子，还帮助外婆叠被子。虽然叠得不是十分标准，但是我们全家都十分满意。

说真的，看到汪哲李同学以上的表现，外公外婆从心里感到高兴。我们更是高兴得说不出话来。

天天的变化

培本小学　刘杨天父亲

5月1日,我出差归来,一进家门便感觉有些"异样",家里和往日有很多的不同。首先映入眼帘的是室内的鞋放得很整齐。我刚放下鞋子,天天甜甜地笑着过来帮我把背包挂起来了。以前可不是这样的,天天高兴时只是喊一下"爸爸回来啦",要不就是冲过来和我来个"熊抱"。今天这是怎么啦?太阳从西边出来了。

我正纳闷儿,妻子朝我努努嘴,向我示意着什么。我顺着她的目光看去,原来天天的房间变化也很大。首先书桌上的一些让我头疼的东西终于不见了,取而代之的是笔、墨、纸、书等学习用品,像阅兵似的等着我去检验。

走进房间一看,更让我吃惊的是床上的被子已叠成了方方正正的"豆腐块",平时可不是这样的啊,每次都是天天上学后,妻子帮忙叠成条形的。而一旦天天放学后,床可就遭殃啰,她把书包、外套等随手往上面一扔,直到睡觉前才会去整理一下。

我急切地问妻子:"大宝,你是用什么魔法让天天变了个样啊?"妻子笑而不答。天天连忙回答:"爸爸,这下你该省心了吧,再也不需要唠叨了吧!""是吗?"我疑惑地反问道。"那您就再继续观察吧!"天天信心十足地回答。

吃饭时,我忍不住又问那是为什么。天天对我说,她上个星期期中考试结束后参加了学校组织的社会实践活动。活动的内容很多,如画彩泥画、包馄饨、做风筝……天天终于忍不住了,滔滔不绝地讲起来。我被天天的情绪所感染,都忘记吃饭了。

听完天天的讲述,我又问:"你会坚持下去吗? 要知道这些好的习惯可并不是一日之功啊,要是没有持之以恒的心态,是很容易回到原来的样子的。"天天坚定地对我说:"不会的,以后如果没有坚持下去,你们就提醒我,我决不会再撒娇的!"

妻子高兴地说:"好,从今天开始,我就扮演包公的角色啦,你可别哭鼻子哟!"天天认真地点点头。我从她稚气的脸上看到了希望,看到了她的决心。

第二天,我便制作了一个日历集,只要天天遵照约定的那些好习惯,我就在日历上的当日贴上一个"笑脸";没有遵守,就贴一张"哭脸"。

让我们高兴的是:到今天为止,那本日历已翻过厚厚一叠,可贴上的,全是"笑脸"!

图156　学生陶艺作品

图157　学生制扇作品

我们都是好孩子

培本小学五(4)班　李俊璠妈妈

"妈,我昨晚怎么都睡不着,太兴奋了!"儿子瞪圆了双眼,脸上洋溢着快乐的笑容。"你去实践活动,又不是去旅游,可要做好吃苦的心理准备!"我望了望后视镜里的他。"苦有啥怕的,就当是旅游呗!"儿子翻着包头也不抬地回我话。我不禁一愣,是呀!孩子的快乐就是这么简单,有时大人看来很辛苦的一件事,可以在孩子的眼里变成幸福,这就是心态的差异了。

透过儿子的眼睛观望这个世界,我能看到蓝天白云,带着金色光圈的太阳,不知疲倦地奔跑在操场上的同伴;还能听到小草与野花清晨醒来的第一声问候,甚至能嗅到遥远的某个地方准备开花的茉莉香味……

"妈妈再见,这几天你和老爸好好享受吧,我走了,拜拜!""你自己注意啊,听老师的话!"我话音还未落,他已经一溜烟似的进了校门,留下的是我长久的凝望,我心底里一下子空荡荡的。

余下的两天,我重复地过着两点一线的生活,其实日子本来就是单纯的,只是我们总喜欢制造复杂……

我的世界忽然变得安静了,我本来也是个极度喜静的人。自从儿子降临,我的世界可大不一样了,如果用惊喜、慌乱、欢笑、困倦等词汇来比喻,它们足以像一棵小树苗那样,茁壮成长为一棵大树了。

而快乐总是和烦恼并存的。新生命的加入打破了我原有的生活常态,我不得不命令自己的灵魂从三毛和琼瑶的书海里隐退,回归到现实的人生上来,即便被以前从不触碰的柴米油盐所困扰,即便每晚睡不了整觉瘦得像根竹竿似的,即便不知何时眼角爬上了几条浅显的细纹,我都不怨不悔,依然快乐地忙碌着,因为儿子就是我的精神支柱,我仍然是当年那个"少年不识愁滋味"的好孩子。

"你好,你——好,呵呵呵……"清晨,家中传来了鹦哥清亮的叫声,打破了这几天难得的清静。今天是儿子实践活动结束回来的日子,我把一切都收拾完后就去迎接他,带着一脸的微笑和喜悦的心情,自己仿佛又恢复了学生时代的朝气。

终于看到儿子向我走来了,几天不见就觉得他长高了,他好像黑瘦了点,有点小男子汉的样子。说实在的,他这次外出,我一点儿都不担心,因为我一直灌输给他人一定要独立自主的理念,从小生活中他力所能及的事都让他自己做。他也很会料理,很能体贴别人,这也是值得我欣慰的。

儿子见了我,就迫不及待地诉说着实践活动中发生的所有事情,那股兴奋劲完全不亚于去的时候。我专注地倾听着,嘴角不时地上扬,原来快乐和幸福是灵魂的一种香味,是歌唱的心的和声。

思念不只属于秋天,它是自由的,无所不在。可我们常常抑制它飞翔,用许多动人的词汇掩埋它的青春。

亲爱的儿子,你生命的帷幕才刚刚拉开,我愿你能快乐地自由飞翔,不论未知的人生道路是否平坦,你都应以乐观豁达的心境面对,做一个正直、善良、真诚的好孩子。

我们都是好孩子。

图158　教师彩泥画作品

女儿的变化

培本小学五(1)班 杨瑶纯家长

女儿去参加实践活动的前一天有点发烧。虽然不高,37.5度,还有点喉咙痛,只是最近她的小毛小病总是不断,这一点也足以让我们全家担心了,可实践活动总是要去的,她盼这天也盼了很久了。

在家等待的两天里,我们听到电话响都会害怕是老师打来的,怕女儿坚持不住了。在不安中"熬"到了周六,终于等到了女儿回家的那一刻。

女儿红扑扑的小脸精神十足。她一个肩膀上挎着放衣服的大包;一只手拿着做的航模,还小心翼翼地包了个大口袋;另一只手上是风筝。看状态不错。一见面,她就急急地和我们说起了实践活动中的高兴事情,也没一点咳嗽的迹象,我们一颗悬着的心总算放下来了。

孩子的确有了比较大的变化,比如在叠被子和吃饭上,以前睡觉前被子总是妈妈铺好,早上也由妈妈来叠。而当天晚上,妈妈准备去铺被子让她睡觉的时候,竟然发现她自己已经铺好被子了。第二天早上起来,还把我们都叫了过去,很认真地演示给我们看"豆腐块"是如何叠出来的。

女儿在家吃饭一直像小猫咪,一点点就喊吃不下了,每次为了吃饭都要和她讨价还价、"斗智斗勇",比如说"吃饭多可以增强抵抗力""多吃点妈妈喜欢""来,吃点鱼会变白"……真可谓威逼利诱都用上了。

这次回来,她重点"宣传"的一件事情,就是"妈妈,那边的饭太好吃了,我饭吃了三碗,汤喝了五碗;那个鳕鱼是好吃的啦。"我们装作不在意的样子。可接下来的几天,我们多盛了点她都吃掉了。

女儿虽然只去了短短的两天半,但我们感到,孩子真的有了变化。

儿子的"实践活动"

培本小学五(4)班　罗森妈妈

周末,儿子放学回来告诉我说,下周四他们要去参加实践活动。我的第一个念头就是我终于可以睡个懒觉了。可儿子很兴奋,不停地问我:实践活动是否跟《少年特种兵》里面的孩子一样可以到部队去?千灯有部队吗?能像特种兵一样进行特种训练、进行红蓝对抗赛吗?是否像《士兵突击》里面的许三多一样站在太阳下走一二一……问题一个接一个,让我不知道该回答他哪个问题才好。

也许儿子根本也没有打算让我回答,他的兴奋已经很明白地告诉我,他等不到下周四了,最好明天就走。儿子从小就向往部队生活,《少年特种兵》看了不下8遍,玩电脑也玩一些有关部队打仗的游戏。临睡觉的时候儿子大声地告诉我:下个星期四的晚上他就和同学们睡在一个房间里面了。白天在一起训练,晚上睡着了一睁眼看见的还是同学,好开心啊!那个手舞足蹈的样子,真让我嫉妒。

临走前的那个晚上,儿子就高兴得不得了。他不停地问我还要准备些什么东西呢,并拿出老师让记的笔记本,一个一个地对,生怕漏了些什么。整理完后,他走过来安慰我:"妈妈,我去的这两天,你终于可以解放了,我也终于可以解放了,我们分开两天你会不会想我呀?老师说了,家长不准到基地来看的啊,我会乖乖的。"好像他不会想我,只有我才会想他似的。

第二天,我把儿子的衣服收拾好送他到了学校。儿子一点也没有意识到出去会吃苦的,以为那是出去春游呢!下午下班回家后,我发现儿子还没有回家,心里突然很紧张,想怎么这么晚了还没有回来,不会有什么事情吧?正准备抓起电话找老师,突然想起儿子是去参加实践活动了。可到了晚上11点我还是无法入睡,莫名的担心让我总惦记着儿子:儿子今天过得怎么样?热不热?早上的洗漱水有没有给他准备?钱带得够吗?晚上睡觉踢被子怎么办？以前回老家有外公外婆看着,现在孩子那么多,教官会不会照顾得很仔细呀？

在辗转反侧中,我迟迟不能入睡。想到平时儿子的晚安问候今天晚上没有了,想到平时儿子的幽默笑话今天晚上听不见了,我不禁开始有点焦虑,儿子还有两天才回来,我该怎么办呢？

在担心和等待中儿子终于回来了。那日我正好有事情在杭州,电话里听见儿子沙哑的声音,我的眼睛不自觉地有点湿润,两天半的分别,使我感觉好像过了两年似的。儿子耐心地安慰我不用着急,他自己会回家洗澡收拾好家的。听见他懂事的话语,我真想立即把儿子抱在怀里好好地亲亲他。

到家后,看着儿子和教官的照片,看着儿子和同学开心的笑脸,看着儿子精心制作的陶泥,我猛然感觉到我的儿子一下子长大了。他需要父母的爱,也需要同学的爱、老师的爱以及社会的爱。如果我们现在不能给他爱,不教会他如何去爱,他以后就不会有爱,更不会懂得去奉献出爱心。

儿子开心地告诉我教官是如何到他们房间查夜的,他们又是怎样躲过教官在被窝里面聊天的;老师是如何手把手地教他们摆多米诺骨牌、进行比赛的……从他的话语中我能感觉到他的开心,感觉到他的放松,感觉到他没有说"我",总是不断地在说"我们"、"我们"怎么样。儿子素来是一个比较喜欢以自我为中心的人,可实践活动回来后说得最多的就是"我们"。这或许是他最大的"改变"。

两天半的实践生活,虽然没有儿子想的那么轰轰烈烈,没有射击场、没有葡匐训练,没有像特种兵那样艰苦的操练,但教官和同学们、老师们用另外的方式,教会了他集体的荣誉才是荣誉;教会了他凡事都要以大局为重,人都是要融入社会的;只有从小培养了优良的品质,从小培养全局观念,不以自我为中心,长大以后才能对社会多做贡献。

虽然这次基地活动儿子的进步不是特别大,但他已经在改变之中。我真诚地希望这样的活动能多组织。因为它能从很多方面锻炼孩子的意志,培养孩子的品德。我想,这或许就是真正的素质教育。

宝贝的实践活动

培本小学　董嘉妍家长

22日,我下班到家,只见妍在客厅已整理好一只小旅行包,掂一掂,已有点分量了。而小人儿拿着一张清单还在楼上楼下地奔,一会儿塞双拖鞋,一会儿再塞个本子,忙得是不亦乐乎!我担心她丢三落四,想帮她忙,可人家说我自己行,不信你可以最后检查!我想,她已在慢慢地长大,我们家长真的可以逐渐放手了。

虽然心里说放手,但最后还是在手机问题上起了争议。我担心她这几天的生活,想与她随时保持联系;而她说老师特别指出,不允许带通信工具。僵持到最后,在我的"权威"下她无奈地将手机放到了包包里,但申明手机的开机时间由她控制,她会选择合适的时间打给我们电话。

23日早上不到六点,小人儿已自己起床了,匆匆吃完早饭就迫不及待地戴着遮阳帽,背着旅行包出门了,还真有实践活动的味道了!

24日,我猜她回宿舍后会来个电话。然而从九点等到十点还是没有来。25日亦是如此。我真的有点担心她,比如:吃的怎么样?睡在上铺的话,晚上上洗手间安全吗?早上自己能按时起床吗?想家吗?我越想越担心,可电话打过去却总是关机。

25日,她回来,而我却去绍兴旅游了。26日一回到家,小人儿扑了过来,真亲啊!接下来,她滔滔不绝地讲了很多实践活动的事,还找了许多为什么不给我打电话的理由。最后兴奋地展示她的作品,比如壮观的航空母舰、精美的纸扇、栩栩如生的彩泥画、可爱的五彩香包……

实践活动的内容还真是丰富多彩。我真是开心啊!

圆满的千灯之行

培本小学教师　王　洁

4月23日,我校五年级学生到千灯的未成年人实践活动基地开展了为期三天的校外社会实践活动。第一次离开父母,第一次过集体生活,虽然只有短暂的三天,但孩子们在出发前就已激动万分,期待着前方未知的道路。

本次活动是在环境优美,靠近大唐生态园的青少年实践活动基地内进行的。刚走进基地的大门,我就被这份远离城市喧嚣的宁静所感染,这里不能说是亭台楼阁,却分外透着江南别有的绿树掩映、白墙青砖的秀气,心情豁然开朗。

三天,这短短的五十几个小时,让我看到了这一群平时娇生惯养的孩子的蜕变,也让我见证了那份集体生活的团结合作,更让我看到那一张张对自己充满信心的脸庞……

作为老师,我从内心感到庆幸,庆幸他们能有这么一次机会去锻炼自我。三天的生活,点点滴滴,犹在眼前,对我来说感触颇深,归纳一下,至少有以下三个方面:

1. 课程多样,锻炼能力——生动又有趣

这次活动安排了许多的课程,而这些课程都是孩子们在学校里没有接触过的,因而他们个个都兴奋不已。如彩泥画、制扇子、做风筝、搭多米诺骨牌、做航模、制作陶艺等。每次去上课都由每个中队的教官带到教室,由专门的老师做指导。

学生们亲自动手制作了一件件充满创意的作品,作品完成之后自己带回宿舍。因而,每次上课回来,我总能看到他们脸上的笑容,我打心底为他们高兴。

有一次,彩泥画制作课程之后,带着作品集中的时候,我问容,你为什么这么高兴啊?他说,我有了自己的作品。看着他那认真的憨笑,我摸了摸他的头,心想真是个傻孩子,你收获的最珍贵的是你做彩泥画时的细心和耐心啊!

2. 走进自然,返璞归真——美好有收获

绿草红花、白墙青砖,黄瓜、玉米、番薯等作物随处可见,生机盎然,这里有一派无限美丽的田园风光!这次校外实践活动,让同学们很好地亲近了自然、感受了自然,用自己的眼光认识了这绿色的世界。

实践活动的第一站,即是鳄鱼谷。走进谷内,一声声家禽的叫声吸引着我们,一个个疑问也随之而来。睿说那是鹅吗?随着他指的方向,所有同学都转过去看,这哪是鹅啊,是鸭呀。我开始给这些从小生活在城市里的孩子讲述鹅与鸭的区别,一双双渴望知识的眼睛看着我,我从内心感受到,生活对于他们来说真是太狭窄了。

接着走,才看到了鳄鱼,我听到了一声声惊叹呐,"王老师,岸上的张开嘴巴的鳄鱼是假的吧,他们一动都不动。""错了,那不是雕塑,而是鳄鱼睡着了,睡着的鳄鱼都是张着嘴巴的。"原来如此。

三天期间,同学们还参与了走进大自然活动。从他们的日记中,我看到了他们的实实在在的收获,真可谓是满载而归啊!

大自然秀丽、灵气,充满诗意,学生们在嫩叶抽芽中找到了春天,他们在繁花绽放中看到了春天,他们在鸟儿的欢歌中听到了春天,他们发现春天无处不在,美丽无处不在……在这里,孩子们体验到了人与自然和谐发展的美好和快乐。在自由自在的绿色田园环境中,总让我感觉,孩子们的心灵得到了净化,生命力更加蓬勃四溢。

3. 生活点滴,真实体验——新奇并精彩

在实践基地,孩子们不仅仅参加了丰富多彩的活动,更重要的是他们收获了生活的滋味。到基地的第一天,我想他们或许已从套被子中尝到了第一次的滋味。平时细心的女孩子,在这时却也慌了手脚:要么没有抓住要领,使劲把被子往被套里装而弄得乱七八糟;要么抓住了这个角却把另一个角给放了;再要么干脆被子和被套的长和宽给搞反了,好不容易装好的被子又得重套……几个轮回下来,已是满头大汗。

八个人的宿舍热闹非凡,却也一片狼藉,被子全摊在地上,已分不清哪是被套,哪是床单了,在学校成绩一向优秀的航在这时也犯难了。看着他们一个个眉头紧锁的样子,我暗笑。但没有插手帮他们,一切靠自己。这是来基地的第一堂课,我相信他们会记忆深刻。这天晚上到宿舍看他们时,他们一个个都在洗漱,看着床上叠得整齐的被子,我笑了。

吃饭时,大家和学校里一样,排队进食堂,但却是鸦雀无声,这是我们那群孩子?他们活似一个个小军人,坐得端端正正的,手平放在腿上,整个大食堂只有"小值日"们盛饭的声音,教官一声令下,才开始吃饭!我走到桌旁,叮嘱他们不要浪费,不要挑食。豪在吃饭时米粒掉在了桌子上,偷看了我一眼,赶忙把米粒捡起塞进嘴巴。看着一个个狼吞虎咽的样子,我真切地感觉到了孩子的可爱。

最后一天的午饭,在烧烤和包馄饨中度过。借用泰的话说是:"自己动手,丰衣足食。"是呀,自己烤的肉串格外的香,自己包的馄饨格外的好吃。宇说要是每天都这样那该多舒服呀,一句话把大家都逗乐了。

大家围在一起烤香肠、面包和肉串,我们班有两个烤箱没有保护措施,我一直在他们身边看好,提醒他们。孩子当中,双胞胎的旭格外的懂事,不下说了十遍:当心,不要把手碰到铁网。接下来包馄饨,包好后,都给阿姨下锅。等到一碗碗热腾腾的馄饨盛好后,个子小小的旭端了一只大碗来到我身边:"王老师,你先吃一个,吃好了我再吃。"我摸了摸他的头想:真是个懂事的孩子!

三天是短暂的,三天更是圆满的。在孩子们小小的心里,我想这个三天会是一段非常美丽的回忆。在挥手告别基地,告别教官时,在女孩子的泪眼蒙眬中,写满的是留恋。回校的路途中,孩子们沉默了,那一刻,我想他们成长了……

图159　教师彩泥画作品

一堂印象深刻的综合实践课

培本小学　王　燕

上周四、五、六，我们五年级同学去位于千灯大唐生态园旁边的昆山市学生素质教育基地参加实践活动。这里的每一堂课都是生动有趣的，就拿无线电测向实践来说吧，给我和我的学生们都留下了极为深刻的印象。

这堂为时两个小时的无线电测向课，分三个板块进行。首先是在室内介绍无线电测向的知识，传授如何用接收器接收并调节信号。紧接着，全班分为四个小组在野外搜寻"信号台"。这一环节时间花得最长，也是最有意思。

你看过特匪片吗？战争时期的侦查和反侦查，情报战是最惊险和刺激的。电视剧《暗算》里有一个外号"瞎子阿炳"的人，是听力奇人，能从浩如烟波的声波中找到隐蔽得最深的敌方信号。而今天，学生们就要扮演寻找"信号"的"情报人员"，可想而知，这是多么令人兴奋和激动呀！

教室里，老师安放了1号台，学生们个个神情专注地站着，垂直拿接收器（这样容易接收到信号），戴着耳机，手落在频率旋钮上。根据陈老师的指示，学生们将手指轻巧捻动，将频率旋钮随之转动起来，同时沉睡在无线电海洋里的各种电波声、器叫声、噪音，纷至沓来。

"能不能找到'嘀—嘀—嘀—嘀—嘀—嗒'的信号？""还要慢点。""下面是音量按钮，听不清的同学可以把它调大些。""将上面的频率按钮再慢慢调……"陈老师正说着，班级里有的同学就开始兴奋起来，"老师找到啦！找到啦！"

还剩几个同学几次旋转都未能如愿，似乎急了，要求老师亲自上机示范。陈老师耐心地告诉大家"这个活不能急，要静心和用心才能找到的"，最后大家都找到了1号台发射出来的信号。

接着，陈老师便让大家以1号台为参照，朝各种方向接受"嘀—嘀—嘀—嘀—嘀—嗒"的信号，比较面向不同、距离不同、信号的强弱变化，他问同学们,你们发现了什么?

同学中有人说:当你面对信号时,信号强;背对信号时相对弱。还有同学说:距离信号台近,信号强;距离信号台远,则信号弱。看上去,孩子们此时个个小脸上呈现的都是严肃而认真的表情,随时准备接受"侦查任务"。

陈老师说,现在我们掌握了寻找信号的方法,就要去野外活动,你们的任务是寻找位于大唐生态园钓鱼台附近的两个信号台,分别是2号和3号台。它们隐藏得很深,可能在花丛中,可能在灌木下,要你们调动智慧和小组合作能力才能最快找到,找到后组长负责打卡。

"好,出发!"在陈老师的口令下,我们全班同学向景色宜人的生态园"急行军"。大唐生态园内,树木葱郁,杜鹃花灿烂地盛开着,大棚内各种南瓜、黄瓜、玉米在欢快地生长着,我们终于来到了目的地——钓鱼台。

钓鱼台是一个约2公顷左右的景点,一方清澈的大水潭,几位钓鱼爱好者在闲情垂钓。老师在中央的钓亭再次讲解怎么合作后,同学们开始以小团体为单位,在大水潭的环湖路边,"地毯式"搜寻"敌台"。

他们每个人手里拿着接收器,戴着耳机,一丝不苟地调试,聆听,在草木下探寻,判断,我加入了其中的一组,和孩子们一起活动。我将耳机微调到最佳状态,总感觉信号就在附近,可是却很难找到。孩子们很有主见,当发现信号就在路边亭子周围时,有的说:"我们分头寻找,找到了也不声张,以免别的小组不劳而获!"还有的说,"对,他们找到了,我们也不问,我们要自己找到两个电台,打卡!"

"嘀—嘀—嘀—嘀—嘀—嗒"的信号还是时强时弱,虽然,近在咫尺,却很难捕捉。终于,我们有一个学生先发现了比铅笔盒大一点的2号台,它正悄悄躲在竹子丛里!于是,大家一阵欢呼,赶紧叫组长打卡。

3号台的搜寻更难了,因为,钓鱼台也实在不小,我们要一圈兜过来,先确定大范围,再确定小范围,最后,再聚焦一块地方搜查。不过,我们还是圆满完成任务,兴高采烈而回了。

这样的体验,这样的收获,这样的成就感,真的是我们以前在课堂上不曾有过的,令人印象实在深刻。怪不得,当我们下午要驱车离开基地时,同学们依依不舍。哎,真是令人难忘!

收获第一次

培本小学教师　郭晓霞

［引言］"其实不想走,其实我想留……"这句歌词此时最能道出我们这两天半的感受。第一次离开父母,第一次过集体生活,第一次生活自理,第一次受教官训导,第一次这样团体就餐……这里有太多太多的第一次。在这里,我们劳动着,快乐了;合作着,分享了;收获着,成长了……

4月23日,带着父母的声声叮咛,背着沉沉的行囊,怀着对未来几天生活的憧憬,我带着一群激动兴奋了好几天的孩子,终于踏上了前往基地的征程。

一路春风,一路欢笑。孩子们身在大巴,心却早已飞向了那儿——位于千灯大唐生态园旁的昆山市未成年人素质教育课外实践基地。

和孩子们一样,我也心潮澎湃了几天了。半个多小时的路程,对于心情急切的我们来说,似乎是十分漫长的。

来到了目的地刚下车,我们就顿觉心旷神怡。因为呈现在眼前的简直就是一座世外桃源——亭台楼阁,小桥流水;绿树成荫,鸟语花香;空气清新,阳光明媚。孩子们环顾四周,不禁发出阵阵赞叹。而我则贪婪地呼吸着清新的空气,沐浴着温暖的阳光。当柔和的春风吹过我的脸颊时,我已深深地恋上了这块乐土。这是基地送给我们的第一份珍贵的礼物——大自然宜人的美景。

还在享受中,还在陶醉中,一声集合令把我们唤醒。不知何时,广场上多了几位身穿军装的军人,他们笔直站立,正气凛然,阳刚中带着几分帅气。孩子们还没有进入角色,仍在那儿高谈阔论。"别再讲话了!"一声高喊过后,孩子们似乎清醒了,原本喧闹的广场顿时鸦雀无声。

在教官们的指挥下,孩子们迅速整好了队伍。简单而庄重的授旗仪式过后,教官们开始耐心地教孩子们铺被单、装被套和枕头套,并教给孩子叠被子、毛毯的方法和要领。

进入宿舍后,孩子们便热火朝天地干了起来。顿时,宿舍里响声震天。这是女生宿舍,你瞧,小宜拿着那张床单正往垫子上铺,按照教官的要求,被单要铺得平整,不能有一丝皱纹,这可难为她了,拉直了这一头却弄皱了那一头,揉平了那一头又带皱了这一头,几次反复,这张顽固的床单似乎在与她作对,仍然皱皱的,仿佛在嘲笑她哩。

而小宜呢,眼见时间过去一半,自己却连一张床单都搞不定,便着急得手足无措。小月和小雯头脑机灵,她们互相合作,把床垫放到地上,两人面对面站着,双手将床单拉平,然后拿床单将垫子包住、拉平。最后,两人像捧着一件珍贵的瓷器那样,小心翼翼地将垫子放到了床上。

装被套那可就更难了,不是长宽搞错了,就是找不到四个角了,整条被子就像一个球一样地待在被套里。女孩们干脆钻到被套里整那该死的被子。几番折腾,她们是头发凌乱,额头冒汗。

"从来没有想到铺床单和装被套竟然会是这么艰难的事情!"乐乐在一旁发出了由衷的感慨。"现在想想,我妈妈做那么多家务还真是很辛苦的。"小君补充道。原本心灵手巧的女孩子,在这些被单被套面前都手忙脚乱。

男生就更甭提了。小靖的被子勉强装进了被套,却发现被套的里子竟然在外面,整个儿弄反了,一拍脑袋"啊!惨哪!"只得重来。再看小峰,整个人趴在地上使劲儿抖那个被套,那架势真像虔诚的信徒在朝拜,真让人哭笑不得。

这些孩子平时在家父母哪会让他们干这些活,今天,他们是第一次离开父母,第一次做这些家务啊,真是尝到其中的艰辛了。来基地的第一课——整理内务,孩子们算是"栽"了。

还没等他们全部搞定,集合的号角声响起了。知道纪律的严明,孩子们丝毫不敢散漫,慌忙放下手中还没叠好的被子撒腿就往外面跑,一路狂奔,直至广场才来个急刹车。无奈,我也跟着他们来了一个百米冲刺。

接下来便是半个小时枯燥的队列训练,立正、稍息、停止间转发、踏

步走……反反复复,可是孩子们却依然精神抖擞,不敢有半点马虎。我心想,要是他们从此以后能一直保持现在这种状态该有多好!

半小时后,教官下令让孩子们回宿舍收拾"残局",务必严要求、高标准,还要进行打分、评比。这回,耐心的教官们开始手把手地教孩子。果然,经过一番努力,孩子们的小床干净整洁,"豆腐块"似的被子、平整的床单,看上去真叫人舒服。我想,此时此刻,要是他们的父母在场的话,一定会为自己孩子的惊人转变而激动地流泪!

食堂就餐的情景更是让人看了目瞪口呆,真不敢相信自己的眼睛,数百个孩子待的食堂,居然会静得连根针掉到地上都能听得清楚。孩子们八人一桌,当看到眼前诱人的美味佳肴时,我看得出,他们恨不得伸手就抓来猛吃,可是开饭的命令还未下达,因而他们只得围在餐桌四周眼睁睁看着、站着。

瞧见他们垂涎三尺的样子,我忍不住笑出声来。教官给每桌分配好了小组长之后,开始打饭、分筷,其余同学仍然坐得端端正正,两手平放在腿上,一动也不动。

好不容易开饭了,小玉因为过于激动,几粒米饭掉在了桌上,顿时她神情紧张地环顾四周,见没人看见,便以"迅雷不及掩耳之势"将它们捡起往嘴里送,吞了。多希望他们能把这种爱惜粮食、文明就餐的精神带回学校呀!

活动基地还精心安排了丰富多彩的课程,从创作陶艺到搭建航空母舰,从制扇到做五彩香包,从扎风筝到彩泥画,从摆多米诺骨牌到烧烤、包馄饨,每一堂课都深深地吸引着孩子们,也吸引着我。

陶艺制作培养了学生的创新能力;搭建航空母舰告诉孩子们做事要细心;做彩泥画又让孩子们体会到不管做什么都要坚持,要有耐心;多米诺骨牌则教会孩子要团结合作……

每上一堂课,孩子们都有许多收获。有物质上的,也有精神上的。一回回看着孩子们手捧着自己的劳动成果(或是航空母舰、彩泥画,或是风筝、纸扇,或是香包、陶艺制品),脸上洋溢着久违的满足和自信,我的心里总是无比激动——我们真是不虚此行。

最令孩子们兴奋的,莫过于烧烤和包馄饨了。虽然天公不作美,下起了雨,但是孩子们还是排成了长龙阵,浩浩荡荡地在雨中行进,无一人奔跑躲避。

在教官的带领下,我们来到了烧烤区。分好组,孩子们有序地坐在石桌的两侧。看着眼前待烤的食品,他们开始有点按捺不住,但还是尽力地克制住了。

老师刚交代完毕,他们便迫不及待地操起家伙干了起来。小威平日里在学校总是毛毛躁躁的,可是今天烧烤的表现却让我刮目相看。他动作流畅,技术娴熟,分明是一个小行家。许多班级里成绩优秀的孩子此时都自愧不如。他们有的将食品烤焦了,有的不小心烫到手了。不过尽管这样,他们还是不亦乐乎。

看见小辛津津有味地品尝着一串黑乎乎的"美味",我不禁惊叫起来:"都成黑炭了!还能吃吗?""没关系,自己烤的,怎么都好吃!"嘿!平常食堂吃饭,他总嫌伙食不好,不是倒这个,就是扔那个,今天可终于明白"谁知盘中餐,粒粒皆辛苦"的道理了。

品尝了烧烤后,按照课程的安排,孩子们快速地清理了现场。又紧锣密鼓地包起了馄饨。我也饶有兴致地参与了,师生同乐嘛!显然,这一回女孩们大出风头,看她们包的一个个馄饨还都挺标准的。

可是男生呢?小毅拿了一张馄饨皮摊在手心里,在上面涂满了馅儿,然后对着它左看看、右看看,还是眉头紧锁、一筹莫展,不知如何是好。小靖干脆不管三七二十一,胡乱捏了一通拉倒。

瞧瞧男生一组的盘子里,那些馄饨真是形状各异。他们却兴致勃勃地向我介绍着:"老师,这是我包的馄饨,它叫'一帆风顺',待会儿请你吃!""老师,还有我的,叫'遍地开花'!"我一看,好一个"遍地开花"呀!原来,馅全都溢到皮上了。他们的想象力还真惊人!

一阵忙碌过后,孩子们终于可以品尝自己包的馄饨了。自己的劳动成果,怎么都香。他们狼吞虎咽的样子,可爱至极。据说,小琪都连吃四碗了,还想吃第五碗,真是个"大胃王"啊!

美餐过后,孩子们分工合作,清洗了碗筷,整理了石桌。又排着长龙阵回去了。好几个男生此时不停地揉着肚子,还直打饱嗝,看着他们这样,我和陈老师笑得连腰都直不起来了。真是一群天真的孩子呀!

快乐的时光总是转瞬即逝,两天半的活动很快接近尾声了,归还了被单被套,整理了宿舍,背上了行囊,我们即将返回。排着整齐的队伍,手捧着心爱的作品,同学们默不作声,刚来时的那种激动和兴奋已经荡然无存,取而代之的是一份沉重。

我知道,他们已经对这里产生了深厚的感情,他们这是舍不得呀!然而,天下无不散之筵席,我们是终究要走的。孩子们安安静静地走上了大巴,默默地坐下,谁都不说一句话。

这时,我们的教官上来了,他是特地来向孩子们道别的,几句真诚的叮嘱和祝福过后,满车的孩子都没能控制住离别的伤感,流下了眼泪,有的甚至已经泣不成声。受孩子们的感染,我竟然也怅然起来——的确舍不得!

两天半的基地生活虽短暂却永恒,它将在我们心中永远留下美好的印象。因为在这里,我们互帮互助,共同经历了人生许多的第一次;我们学会了生存,学会了劳动,学会了合作,学会了创造!

大巴车缓缓开动,基地的领导和教官们站成一排向我们挥手告别。再见了,尊敬的教官、亲爱的老师;再见了,美丽的基地、难忘的日子……

图160　学生彩泥画作品

难忘的基地生活

培本小学教师　金　红

在未去基地之前,早就听参加实践活动回来后的老师说,学生学得快乐,老师累得要死。再加上闻之老师要和学生同吃同住,三天两夜。我不禁愁眉苦脸,唉声叹气。

车厢里,快乐的孩子吃吃东西,聊聊天,声音此起彼伏,我几次提醒,收效甚微。也难怪,孩子首次离开父母,过集体生活,充满着美好的憧憬。而此刻我的心情有些莫名的"灰暗"。

汽车在鳄鱼谷缓缓地停下了,还没下车,就听到车窗外教官的吼声:"站成一排,不许讲话,不许吃东西。"有几个还没弄明白怎么回事,七嘴八舌地询问(我们班就这个坏毛病,爱问一些无关紧要的问题,以至于刹不了车)。"安静!"教官的声音如洪钟,本来喧哗的孩子一下被震住了,一个个乖乖地排好,静静地站在指定的位置。

这些教官的话比我们有效,无须我们出面,纪律就搞定。看着前后判若两人的孩子一脸肃静样,我和钱校长暗暗好笑。好兆头,铁一样的纪律,铁一般的教官,实践活动由此开始。

第一课,家政训练,生活自理能力培训。铺床单,套被套,叠被子。这对于平时娇生惯养的孩子可是全新的课程。教官边演示边说要点,被子在他手中三折两卷,变成四四方方的"豆腐块"。孩子们用崇拜的眼神看着军人,我们也大开眼界。"给你们一小时,互相合作,将各自的床铺好,待会儿检查打分,好,解散。"孩子们纷纷跑回宿舍,开始整理。

捧着散发着芳香气息的被褥,看着窗明几净、卫生设施良好的寝室,同事晓霞不由惊叹道:"比我去南京住的宾馆好。"(可惜没有电视机)我们也照教官的要求将床铺得平平整整,然后去看看孩子的寝室都收拾得怎样了。"帮帮我,床弄弄平。""我们一起套被子。"在寝室里听到最多的就是这几句话。最好笑的是归雨聪,干脆人钻到被子里去忙乎。看到我,他一脸尴尬地说:"老师,我已忙了半小时了,这被套怎么也不听使唤,只能这样了。"我笑着拍了拍他的肩膀:"要老师帮忙吗?"归雨聪连连摇头,"不,我自己来。"我含笑点头。

就在此时,教官推门进来,做了现场讲解,手把手地教起了孩子。学生恍然大悟,连忙返工。每个学生都在尽力打造他们的新天地。从内务整理实践中,更多的是让我们感受到了孩子中的友情。经过一小时的整理,大部分孩子的床铺归放整齐,看上去很是顺眼。

吃饭的号声响了,孩子们整队来到饭厅,看着一桌丰盛的菜,不禁垂涎欲滴,纷纷议论。"不许说话,不许吃饭,全部站着。"威严的声音回绕在大厅里。霎时间,偌大的空间竟鸦雀无声。联想到我们学校的饭局,我不禁汗颜。接下来的事顺理成章,一切都在井然有序中进行着。"比学校的好吃。""岂止这样,比家里都要好吃。"每个人饭后都有类似的感受。是呀,"民以食为天",美食太重要了,它可以冲淡一些对家的思念。你说不是吗?

本来列队训练是实践活动的重要课程,可惜因为下雨,只训练了一小时左右。在我看来,是一大遗憾。但也因为这该死的雨,让孩子玩了多米诺骨牌码放竞赛。在竞赛中,好多孩子都因一时疏忽,导致快成形的图案整排整排连续倒下。再搭再倒,再倒再搭……渐渐地,一些孩子没了耐心,退出竞赛。但更多的孩子毫不退缩,勇往直前。"老师,我们成功了!老师,我们成功了!"有的孩子来报喜,有的孩子守候在桌子两侧,保护他们的胜利品不受侵犯。这次比赛,让孩子明白了,只有耐心、细心和恒心,团队合作,才能取得最后的胜利。

三天的活动即将结束,好多孩子在礼堂的汇报大厅里听着同学代表、老师代表、教官代表发言后,都潸然泪下。他们不舍这里的生活环境,不舍这里的课程安排,更不舍的是基地的教官和老师们。

快乐的时光总是那么短暂,我们老师虽然全程陪同,但不觉辛苦。感谢基地的老师和教官为孩子们付出了辛勤的汗水。

后记

昆山市未成年人素质教育校外实践基地,地处昆山市南部国家农业示范区,北依千灯古镇,东靠大唐生态园,南通锦溪、周庄旅游区。用地面积约38000平方米,建筑面积约20000平方米。环境优美,布局合理,活动用房宽敞实用,生活用房设施齐全。

实践基地以"育人"为宗旨,以学生为本,以"基地"为主体,以生态农业为依托,以昆山传统文化为内涵,整合本市各类教育资源;以实践体验为手段,以能力培养为主线,融趣味性、综合性、实践性、自主性和创新性为一体,开展丰富多彩的综合实践活动。

实践基地将学生置于动态、开放、多元的学习环境中,促进学生学习方式的改变,使学生在实践中创新,在创新中实践,形成"实践、体验、感悟、创新"的学风,使学生学会生存、学会相处、学会劳动、学会创造。

2008年8月,实践基地正式接受全市学生开展实践活动。经过多年的努力,实践基地已成为昆山市实施素质教育的第二课堂,成为推进基础教育课程改革的活动载体,成为促进学生健康成长的生活乐园,得到了学生、家长、学校及社会的充分肯定。

本书收录的这些活动案例,包括实践基地教官训练学生、教师实施教学活动的方案和课后随感,活动情况实录,活动成果展示,学生、家长、学校对基地实践活动的评价等多个方面。分"亲近自然"、"社会实践"、"生存体验"、"科学探索"、"活动评估"五个板块。旨在全方位展示实践基地开展教学活动的基本面貌,以求取得全社会的监督和支持。

"少年智则国智,少年富则国富,少年强则国强。"本书取名为"放飞梦想",是希望我们的实践基地能成为一块肥沃的土壤,在孩子们心中播下实现崇高理想的种子;是一片阳光明媚的天空,让孩子们成为实现中华民族伟大复兴"中国梦"的"富""强"未来!

  本书在编辑过程中,得到了众多校外教师和社会人士的关心和帮助,在此表示衷心感谢。由于我们的水平有限,缺点错误在所难免,谨请大家批评指正!

《放飞梦想》编委会

2015 年 10 月